Beck'sche Elementarbücher

WOLFGANG ZORN

Einführung in die Wirtschafts- und Sozialgeschichte des Mittelalters und der Neuzeit

PROBLEME UND METHODEN

VERLAG C. H. BECK MÜNCHEN

Mit 5 Textabbildungen und 1 Tabelle

ISBN 3 406 03417 9

Umschlagentwurf: Walter Kraus, München

Gesamtherstellung Passavia Passau
Printed in Germany

INHALT

Vorwort 7

A. EINLEITUNG

I. Die allgemeine Wirtschafts- und Sozialgeschichte aus europäischer Wurzel. Begriff, Standort, Raum- und Zeitabgrenzung des Wissenschaftsbereichs 9

B. DER HISTORISCHE ASPEKT

II. Grundlagen der Geschichtswissenschaft 16

III. Quellen und Quellenprobleme des historischen Zugangs 21

IV. Besondere Grundwissenschaften: Archivquellenkunde, Archäologie, Numismatik-Geldgeschichte, Metrologie 32

V. Historische Teile von Nachbarwissenschaften: Geographie, Bevölkerungswissenschaft, Rechts- und Staatswissenschaften, Volkskunde-Völkerkunde, Technik-Naturwissenschaften-Medizin, Sprach-, Literatur- und Kunstwissenschaft, Psychologie, Theologie 35

VI. Geschichte der ökonomischen und sozialen Lehrmeinungen 40

C. DER WIRTSCHAFTS- UND SOZIALWISSENSCHAFTLICHE ASPEKT

VII. Grundlagen der systematischen Wirtschafts- und Sozialwissenschaften 47

VIII. Quellenbearbeitung und Auswertungsprobleme des wirtschafts- und sozialwissenschaftlichen Zugangs 53

IX. Besondere Berührungspunkte von Theorie und Geschichte: Konjunkturtheorie 65

X. Entwicklungstheorie: Wachstumstheorie, Industrialisierungstheorie 68

XI. Ausgewählte Einzeltheorien: Markttheorie, Raumwirtschaftstheorie, Integrationstheorie, Geldtheorie, Produktionstheorie, Mehrwert- und Verelendungstheorie, Revolutionstheorie 70

XII. Imperialismustheorie 74

D. GESCHICHTE UND ORGANISATION DER INTERNATIONALEN FORSCHUNG

XIII. Die Geschichtsschreibung 77

XIV. Entwicklungstheoretisch-historiographische Stufenlehren und Periodisierungen 84

XV. Organisation von Forschung und Lehre 87

XVI. Fachspezielle Nachschlagewerke, allgemeine Quellenausgaben, Länder-Gesamtdarstellungen, Zeitschriften 90

E. BIBLIOGRAPHIE

XVII. Ausgewählte Einzelliteratur nach Sachgebieten 100

Nachwort 107

Personen- und Sachregister 108

Quellennachweis der Abbildungen:

S. 58/59: Augsburg in Zahlen, hrsg. vom Statist. Amt der Stadt Augsburg, Reihe B, Heft 1968/1–2, S. 15.

S. 60: Vierteljahrschrift für Sozial- und Wirtschaftsgeschichte, F. Steiner Verlag Wiesbaden, Jg. 59, 1972, S. 17.

S. 61: Freiberger Forschungshefte, VEB Deutscher Verlag für Grundstoffindustrie Leipzig, Heft D 59, 1967, S. 42.

S. 66: L. J. Zimmerman, Geschichte der theoretischen Volkswirtschaftslehre, Bund-Verlag Köln-Deutz, 3. Aufl. 1967, S. 203.

VORWORT

Das vorliegende Buch verdankt seine Entstehung der Anregung und Ermutigung des Verlages. Es spiegelt die Erfahrungen, die ich als Vertreter des Faches auf einem Lehrstuhl in der Philosophischen Fakultät der Universität Bonn (1962–1967) und auf einem Lehrstuhl in der Staatswirtschaftlichen Fakultät der Universität München (1967–1972) sammeln konnte und sucht den geistigen Stand des Jahres 1971 zu vermitteln. Text und auch Bibliographie habe ich während des laufenden Lehrbetriebs allein zusammengestellt. Sehr wertvoll war mir die Gelegenheit, das Manuskript in einem Referendarlehrgang der Bayerischen Archivschule am Bayerischen Hauptstaatsarchiv (Generaldirektor Dr. B. Zittel) einem kritisch mitarbeitenden jungen Historikerkreis vorzutragen sowie Ausschnitte aus Teil C im Münchner Wirtschaftswissenschaftlich-Mathematischen Kolloquium (Leiter Prof. Dr. H. Möller) zur Debatte zu stellen. Herr Dipl. Volkswirt H.-D. Brunckhorst war mir in dieser Richtung noch weitergehend behilflich. Im Interesse der Allgemeinverständlichkeit habe ich in diesem Teil die (teils anglisierte) akademische Fachsprache nur eingeschränkt benützt. Eine interfakultative Aussprache im Rahmen der Lehre des Faches wurde durch die strenge Fakultätenscheidung der Universität München leider von vornherein verhindert. Irrtümer im Text fallen ausschließlich mir zur Last. Ich gestehe, daß ich nicht eindeutig anzugeben vermag, für welchen Leserkreis oder gar für welche Studiensemester das Buch bestimmt ist, und hoffe, daß dies nicht nur ein Nachteil ist. Für Verbesserungsvorschläge spreche ich im voraus meinen Dank aus. Die Vorschläge meines Münchner Institutskollegen Prof. Dr. K. Borchardt nach Lektüre der Druckfahnen von Kap. VI–XI konnte ich teilweise noch für den Umbruch berücksichtigen.

Hechendorf am Pilsensee *Wolfgang Zorn*

A. EINLEITUNG

I. Die allgemeine Wirtschafts- und Sozialgeschichte aus europäischer Wurzel

Die Wirtschaftsgeschichte und Sozialgeschichte (oder Gesellschaftsgeschichte) sind zwei besondere Aspekte der Geschichte, die in den angelsächsischen Ländern getrennt, in den übrigen, besonders im deutschsprachigen Raum, fast immer gemeinsam wissenschaftlich gepflegt werden. In den USA und teils in Großbritannien wird die Wirtschaftsgeschichte dabei ihrerseits in die akademischen Lehrfächer „Economic history" und „Business history" getrennt, die letztere widmet sich der angewandten Firmengeschichte.

Die innere Gemeinsamkeit der Wirtschafts- und der Sozialgeschichte liegt nicht in einseitigen, wohl aber in engen wechselseitigen Kausalverflechtungen, sowie in ihrer Ausrichtung auf „Strukturen" und auf langfristige Wandlungsvorgänge eines sozialen Systems. So unterscheidet sich die Geschichte der „longue durée" (F. Braudel), der langfristigen Bewegung in der Zeit, im Gesamtstil von der bloßen „vordergründigen", individualistischen Ereignisgeschichte, der herkömmlichen „politischen Geschichte" des 19. Jahrhunderts. Dieser Dualismus der Ansichten hat nahezu ganz einen älteren verdrängt, der seit etwa 1900 gerade in Deutschland eine große Rolle spielte, den Gegensatz zwischen Staats- und Machtgeschichte und „Kulturgeschichte", wobei unter letzterer eine Mischung von Geschichte des privaten täglichen Lebens und Geistesgeschichte verstanden wurde, eine „Geschichte des Konsumbedarfs an materiellen und geistigen Gütern".

Am deutlichsten wird der Unterschied der bei aller Genauigkeit im einzelnen oberflächenhaften und der tiefergreifenden Geschichtsbetrachtung vielleicht bei der Behandlung der welthistorischen, politischen Revolutionen. Die „soziale Interpretation" der Revolution ist unter diesem Titel sowohl für die englische des 17. Jhs. (*Zagorin* 1959) wie für die französische von 1789 (*Cobban,* 1964) unternommen worden. Gleichzeitig hat der historische Personenkult an Anhängerschaft verloren, der große Männer einseitig die Geschichte „machen" ließ. Die Bildung und Organisation sozialer Gruppeninteressen ist wiederum nicht allein, aber doch in erheblichem Maße von wirtschaftlichen Vorgängen abhängig; wurde im Streit um die Kulturgeschichte deren Gegenstand noch als „Geschichte ohne Schicksal" bezeichnet, so ist in unserem Jahrhundert mehr und mehr die „Wirtschaft *als* Schicksal“ von einzelnen und mittelbar auch von Völkern sichtbar geworden. Ebenso offenkundig wurde der Staat selbst zu einer Erscheinung der Sozialgeschichte.

In einer demokratisch-pluralistischen wie in einer sozialistischen Gesellschaft wird dies kaum mehr jemand bestreiten, aber die überzeitliche Einheit der menschlichen Natur legt den Zweifel daran nahe, ob es *jemals* eine ausschließlich von geistigen, idealen Beweggründen getragene Geschichte gegeben hat. Die besonders in der jungen Generation beliebte sog. Ideologiekritik schießt oft über das Ziel hinaus, indem sie als realistische „Enthüllungshistorie“ überall ideologisch getarnte materielle, eigennützige Zwecke aufdecken will. Die Wahrheit liegt wie häufig in der „Mitte“, in der Mischung des Übermenschlichen, Menschlichen und Allzumenschlichen in der Geschichte. Das besagt immerhin, daß ein Geschichtsbild, das Wirtschaft und Gesellschaft verdrängt, nur da sein Recht hat, wo Geschichte als erzählende schöne Literatur auftritt und als solche isolieren und stilisieren darf. Wo sich Wissenschaft mit der Vergangenheit beschäftigt, muß sie deren grundsätzliche Ganzheit im Auge behalten, auch wo sie nur einen kleinen, besonderen Ausschnitt erforscht und darstellt, weil diese Ganzheit zur Richtigkeit ihrer Abbildung gehört.

Die Behandlung der Wirtschafts- und Sozialgeschichte als „Ergänzung“ oder „Anhang“ der politischen Geschichte ist nichts weiter als eine Verlegenheitslösung für Lehrstuhlpolitik, Studienpläne und Handbücher; in der Sache ist eine solche Handhabung sinnlos. Da es sich um gleichrangige Aspekte der *einen* Vergangenheit, der vergangenen Verläufe handelt, ist es auch möglich, Weltgeschichte als Wirtschafts- und Sozialgeschichte zu schreiben und dies nicht allein vom marxistischen Standpunkt aus, der die Produktionsverhältnisse und die Klassenteilung als bestimmenden Unterbau des Geschehens ansieht.

Wirtschafts- und Sozialgeschichte setzt nicht nur die Vertrautheit mit einem zeitlichen Gerüst des politischen Geschichtsablaufes voraus. Sie verlangt ihrem Wesen nach Synthese, Mitheranziehung von Nachbarwissenschaften der Geschichte. Schon das macht sie nicht zu einem „einfachen“ Wissenschaftszweig.

Die Wirtschafts- und Sozialgeschichte ist aber ferner und vor allem dadurch ein „schwieriges Fach“, daß sie gleichzeitig zum System zweier *verschiedenartiger* Wissenschaftsgruppen gehört: zur betrachtenden, verstehenden Geschichtswissenschaft und zu den auf anwendbare Gesetzlichkeiten und Prognosen abzielenden systematischen Sozialwissenschaften im weiteren Sinne, besonders der Volkswirtschaftslehre (Makroökonomie) und der Soziologie, d. h. Lehre von den sozialen Gebilden und Prozessen. Die Sozialwissenschaften legen starkes Gewicht auf die Übergänge zur wirtschafts- und sozialpolitisch noch gestaltbaren Gegenwart und darum auf die besonders lehrreiche jüngste Vergangenheit. Steht die Geschichtswissenschaft in ihrem wissenschaftstheoretischen Ort der auslegungsbetonten (kommunikativen) Richtung der „Hermeneutik" nahe (der griech. Gott Hermes als Vermittler zwischen Göttern und Menschen!), so neigen die Sozialwissenschaften zum instrumentalen Positivismus. Sie verbinden mindestens starke Elemente des „naturwissenschaftlichen" Denkens mit jenen des „geisteswissenschaftlichen"; im Unterschied zu den normativen, auszulegenden Gesetzen der Rechtswissenschaft sind die ihrigen vorzugsweise „natürliche", und insofern trifft es zu, daß tiefe Zusammenhänge zwischen Wirtschaftswissenschaft und Naturrecht bestehen. Läßt sich im Vergleich zur Geschichtswissenschaft für die Wirtschafts- und Sozialwissenschaften von Denken in Gesetzen (Nomologie) sprechen, so unterscheidet sich deren Gesetzlichkeit aber andererseits doch auch erheblich von der strengeren Gesetzmäßigkeit der Naturwissenschaft, die ein geschlossenes System bekannter und meßbarer Größen in Form des kontrollierenden, wiederholbaren Laboratoriumsversuchs erforscht. Die Astronomie arbeitet wenigstens mit einem geschlossenen kosmischen System. Die verhältnismäßig größte Ähnlichkeit des Forschungssystems liegt im Gesamtbereich der Naturwissenschaften bei der Wetterlehre, der Meteorologie, vor, deren System wegen Einwirkung verschiedener unbekannter und quantitativ unbestimmbarer Umstände teilweise „offen" ist und die deshalb bei unerwarteter Veränderung solcher nicht erfaßten Bedingungen falsche Voraussagen grundsätzlich in Kauf nehmen muß.

Schon im 19. Jahrhundert ist daher versucht worden, einer allgemeinen „Sozialwissenschaft" einen eigenen Platz zwischen den Geisteswissenschaften und den Naturwissenschaften anzuweisen (*J. St. Mill*). Der neueste Gesamtforschungsbericht der UNESCO begann mit den „exakten und Naturwissenschaften" und reihte Wirtschaftswissenschaften, Bevölkerungswissenschaft, Soziologie, Politikwissenschaft, Psychologie und Sprachwissenschaft als „soziale Wissenschaften" ein, während er die Geschichtswissenschaft mit Rechtswissenschaft, mit Philosophie sowie Kunst- und Literaturwissenschaft in etwas bedenklicher Gegenüberstellung den „humanen Wissenschaften" zurechnete. Die Sozialwissenschaften im weiteren Sinne haben notwendigerweise auch in der Betrachtungsweise manchmal andere Zugänge zum gemeinsamen Stoff als die Geschichtswissenschaft. Wird ein Handbuch des Faches Wirtschafts- und Sozialgeschichte vom geschichtswissenschaftlichen Standpunkt aus stets eine Ordnung der zeitlichen Entwicklung vom Früheren zum Späteren hin beibehalten, so müßte ein sozialwissenschaftliches Handbuch, nach theoretischer Fragestellung oder nach der fallweisen politischen Notwendigkeit der Erfahrungsvermittlung für geplante Maßnahmen, in Rückblendung über die Zeiten hinweg vergleichbare Kausalvorgänge systematisch zusammenstellen. Die überwiegende Zugehörigkeit einer wirtschafts-

und sozialgeschichtlichen Einzeluntersuchung zu diesem oder jenem Fachbereich ist aus der Formulierung des Titels oft schwer erkennbar.

Man kann dieser Problematik nur scheinbar dadurch ausweichen, daß man einen historischen oder einen theoretisch-wissenschaftlichen Parteistandpunkt bezieht. Man kann als Historiker das durchaus verdienstliche einfache Tatsachensammeln auf dem thematischen Felde der Wirtschaft und Gesellschaft als „Wirtschafts- und Sozialgeschichte" bezeichnen und Fachvertreter außerhalb der philosophischen Fakultäten einfach als Schein-Historiker ignorieren. Man kann ebenso als Theoretiker den Standpunkt verfechten, ohne theoretische Ausgangsstellung habe niemand das Recht, sich als Wirtschaftshistoriker zu bezeichnen, und solche reinen Historiker seien fachlich ohne Interesse. Beides ist eine moderne Neuauflage alten Zunftdenkens und insofern dem Fortschritt des Gesamtfaches abträglich, obwohl es sich mit Gelehrtenzunftleistungen ersten Ranges verbinden kann. Man kann meinen, ein empirischer Soziologe wisse alles, was von der Sozialgeschichte wissenswert sei, sowieso schon nebenbei. Man kann schließlich Anforderungen der Wissenschaft politisch zurückweisen, indem man von „links" her die Grundzüge der marxistischen Geschichtslehre als nicht zu diskutierendes Dogma und als ausreichende Zusammenfassung der Vergangenheitsdeutung erklärt und indem man darauf hinweist, daß das praktisch positivistische, datensammelnde Nur-Registrieren des Vergangenen mittelbar zugunsten des eben Bestehenden wirkt, daß eine Unterbetonung der Veränderbarkeit also eine verdeckte konservative Parteinahme darstellen kann. Man vermag eine ähnliche Stellung von „rechts" her zu beziehen, indem man umgekehrt Wirtschafts- und Sozialgeschichte insgesamt als Kryptomarxismus und „Revolutionswissenschaft" verketzert oder selbstentschärfte Sozialgeschichte als geistiges Werkzeug sozialer Harmonisierung einsetzt.

Wer sich die Bewältigung der durch den Titel dieses Buches aufgeworfenen Fragen durch solche Abwehr des fachlich Unvertrauten bequem zu machen vorzieht, braucht nicht weiterzulesen. Geistige Aufgeschlossenheit für verschiedene Standpunkte und eine gewisse geistige Anstrengung müssen dem Leser zugemutet werden, der weiter zu folgen bereit ist.

Eine Schranke ist freilich nicht damit allein überwindbar: Infolge der Anwendung mathematischer Darstellungsweisen in den systematischen Wissenschaften trifft der Historiker zuweilen in Büchern und Aufsätzen über Wirtschaftsgeschichte seitenlang nur Formeln an, Figuren, deren volles Verständnis gewisse Kenntnisse auch der höheren Mathematik voraussetzt. Einige äußerliche Hilfen sind unten in Kap. C. VIII gegeben, können aber natürlich nicht auf die Verfahren dieser großen Formalwissenschaft selbst eingehen. Persönliche Erklärungshilfen eines Mathematikers dürften im Einzelfall solche Verständnishindernisse besser ausräumen als ausschnittweise Befragung von Fachlehrbüchern.

Für eine befriedigende Einführung in die übrigen Probleme der Wirtschafts- und Sozialgeschichte empfiehlt sich an dieser Stelle für den mitteleuropäischen Leser die Begrenzung des Betrachtungsfeldes, die räumlich-zeitliche Beschränkung auf die europäische Kulturwelt des Mittelalters und der Neuzeit, mit Einschluß ihrer Übertragung auf die anderen Erdteile seit dem Entdeckungszeitalter des 15./16. Jahrhunderts. Das kann zwar als Rückfall in eine europazentrische Geschichtsbetrachtung aufgefaßt werden, der der britische Universalhistoriker und ehemalige Indiendiplomat *A. J. Toynbee* d. J. 1934–54 seine 10bändige „Study of History" (deutsch 1952–58) als Gesamtgeschichte aller Weltzivilisationen entgegengestellt hat. Es hat aber für unseren Zweck gute innere und praktische Gründe. Jede Kulturwelt hat ein natürliches gesteigertes Interesse daran, sich zuerst von ihrer eigenen Vergangenheit Rechenschaft zu geben (*J. Huizinga*), und eine vergleichende Betrachtung nicht europäisch geprägter Kulturkreise erfordert zudem, wenn sie nicht dilettantisch sein soll, ausgedehntere besondere Vorstudien.

Die zeitliche Abgrenzung gegenüber der Antike ist als Schwellenzeitansatz umstritten. Praktisch wird meist die Zeit um 600 n. Chr. als Beginn des west- und mitteleuropäischen „Mittelalters" angenommen, die Zeit des Aufstiegs des fränkischen Merowingerreiches und der Christianisierung Englands. Unter „Kontinuitätsproblem" wird im allgemeinen nur die Frage des Weiterlebens spätantiker Einrichtungen, Fertigkeiten, Wissens- und Vorstellungsinhalte in der durch die germanische Völkerwanderung umgeschichteten frühmittelalterlichen Welt verstanden. Wesentlich mehr ist noch der Beginn der „Neuzeit" umstritten. Die frühere Fixierung auf Luthers Reformation und jedenfalls auf die Zeit um 1500 kann zwar nach wie vor wirtschaftsgeschichtlich durch die starke Fernwirkung der Entdeckung der „Neuen Welt" Nord- und Südamerikas gestützt werden, doch hat sich eine andere Periodisierung daneben Geltung verschafft, die eine eigentlich wirtschafts- und sozialgeschichtliche ist und von Bevölkerungszahl und Agrarkonjunktur ausgeht. Sie kommt dann zu einem dauerhaften Strukturwandel mit Schwergewichtsveränderung der klassischen Produktionsfaktoren Boden, Arbeit und Kapital im Zusammenhang mit der größten Pestwelle Europas um 1350. Diese Epochenscheidung wird jedoch überschattet von einer weit bedeutenderen, der „Sattelzeit" (*Koselleck)*, in der man den Beginn der „modernen Welt", des die Gegenwart einschließenden technisch-industriellen Zeitalters zu sehen sich gewöhnt hat. Am Beginn dieser Voll-Neuzeit steht die „Industrielle Revolution", die etwa 1760–1790 von Großbritannien her begann und schrittweise zunächst das europäische Festland und Nordamerika erfaßte und veränderte. (Der Ausdruck kommt 1827 im Englischen, 1845 deutsch bei *F. Engels* vor). Im Unterschied zu der etwa gleichzeitigen Französischen Revolution seit 1789 war sie keine „klassische" Revolution im Sinne des fieberhaft beschleunigten politisch-sozialen Veränderungsprozesses, sehr wohl aber eine Revolution mit Rücksicht auf ihre Auswirkungen; hat sie doch ein jahrtausendaltes wirtschaftlich-soziales, wesentlich agrarisch geprägtes System im Laufe von zwei Jahrhunderten von Grund auf umgestürzt. Der geläufige Begriff der „Zeitgeschichte" (seit 1917/18) ist als solcher für unsere langfristige Betrachtung ebenso ohne Bedeutung wie die sog. zweite oder dritte industrielle Revolution der Gegenwart (Automation, elektronische Datenverarbeitung). Sieht man in der Zeitgeschichte, die gleichzeitig ein Teil der Wissenschaft von der Politik ist, die (selbst mit-) „erlebte Geschichte", so hat sie fließende Grenzen je nach dem Lebensalter. Zum Grundsätzlichen s. etwa W. *Kamlah,* „Zeitalter" überhaupt, „Neuzeit" und „Frühneuzeit", in: Saeculum 8 (1957).

Über Epochengliederungs- und Stufenbildungsversuche im einzelnen gibt der Teil D, Geschichte der Forschung, näheren Aufschluß. Er wird an den Schluß gestellt, weil in ihm die Grundpositionen der zwei oben genannten Wissenschaftsbereiche ineinanderfließen und sich überschneiden. Diese Grundpositionen bedürfen nun zuerst der Durchleuchtung. Es wird sich empfehlen, daß Historiker und Wirtschafts- und Sozialwissenschaftler zuerst jeweils den Teil B oder C und anschließend den ihnen ausbildungsmäßig ferner liegenden anderen Teil lesen. Eine Einführung ins Gesamtfach ergibt sich in jedem Fall erst durch das Studium *beider* Hauptteile und des ganzen Buches.

Literatur:
Ein Versuch wie der vorliegende ist bisher nicht unternommen worden. Eine knappe Skizzierung der Probleme mit sehr reichhaltigem, aber nicht gewichtendem und kommentierendem Literaturverzeichnis bis 1961 gibt der Artikel „Wirtschaftsgeschichte I: Grundlegung" von dem Historiker *H. Kellenbenz* im Handwörterbuch der Sozialwissenschaften Bd. 12 (1965). Anregender als der dortige Artikel „Sozialgeschichte" von *H. Proesler* (Bd. 9, 1956; Literatur bis 1954) ist der Artikel „Sozialgeschichte" von *W. Conze* im Handbuch: Religion in Geschichte und Gegenwart, 3. Aufl. Bd. VI (1962), mit scharfer Betonung der Epochenschwelle um 1800. In der International Encyclopedia of Social Sciences Bd. 6 (1968) stehen Artikel „History: Economic, Business, Social, Cultural", alle von Amerikanern; der Artikel „Economic History" (1968) von *Douglass C. North,* einem Wirtschaftswissenschaftler moderner Richtung. Nützlich sind auch die einschlägigen Artikel in zwei britischen Sammelwerken: *W. H. B. Court,* Economic History, und *H. J. Perkin,* Social History, in: Approaches to History, hsg. v. *H. P. R. Finberg* (London 1962); *P. Mathias,* Economic History, in: New Movements in the Study and Teaching of History, hsg. v. *M. Ballard* (London 1971).

Das beste Einleitungsbuch vom Standpunkt des in einer Wiso-Fakultät lehrenden Historikers älterer deutscher Schule aus ist *L. Beutin* († 1958), Einführung in die Wirtschaftsgeschichte (Köln-Graz 1958), mit starker Betonung von Methodik und Quellenkunde. Am nächsten kommt der Absicht dieser Einführung das Buch des polnischen Marxisten *Witold Kula*, Problemy i metody historii gospodarczej (Warschau 1963, 787 S.), ital. Übers.: Problemi e metodi della storia economica (Mailand 1972). Der Band behandelt Geschichte der Forschung, Gegenstand des Faches und Verhältnis zu den Nachbarfächern, Quellen der neuzeitlichen Entwicklung Polens, Periodisierungsfragen der Wirtschaftsgeschichte, Probleme der Synthese hinsichtlich Volksvermögen und Volkseinkommen, Forschungsmethoden (Mikro- und Makroanalyse, Statistik, Demographie, Vergleich, Verallgemeinerung), Erforschung sozialer Strukturen, Metrologie und Geographie, Geschichte und Prognose. Zur Business History: *H. M. Larson*, Guide to Business History. Materials for the Study of American Business History and Suggestions for their use (Cambridge/M. ²1950). Das italienische Buch von *A. Fanfani*, Introduzione allo studio della storia economica (3. Aufl. Mailand 1960) bietet überwiegend eine Geschichte der Wirtschaftsgeschichtsschreibung. Eine Wiederabdruck-Sammlung von Aufsätzen und Diskussionsbeiträgen führender Fachvertreter (W. Ashley, N. S. B. Gras, B. Croce, Ch. Verlinden, G. Luzzatto, L. Einaudi, C. Barbagallo, A. Fanfani, G. Moudaini, H. Hauser, L. Dal Pane) ist der Band: Natura e Metodo della Storia Economica, hsg. v. *M. R. Caroselli*, Mailand 1960; es handelt sich dabei meist um grundsätzliche Überlegungen; Verlinden erörtert speziell zyklische Bewegungen, Hauser und Fanfani befürworten statistische Methoden. Die Schrift von *Ch. Morazé*, Introduction à l'histoire économique (Paris 1943, 216 S.), setzt sich, unter Beschränkung auf Frankreich und ohne historische Quellenkunde, mit der Methodologie auseinander.

Eine Gruppe von Büchern mit gleichlautender Betitelung führt nicht in die Arbeitsweise, sondern in den hauptsächlichen Stoffinhalt des Faches ein: *A. Piettre*, Histoire économique – les faits et les idées (Paris 1970), *Ch. Verlinden*, Introduction à l'histoire économique générale (Coimbra 1948, mit Auswahl von Textstücken), *G. D. H. Cole*, An Introduction to Economic History, 1750–1950 (London 1952), sind wie *N. S. B. Gras*, Introduction to Economic History (New York 1922, Ndr. 1969), und die „Ahnherrin" der Einführungen *W. J. Ashley*, Introduction to English Economic History and Theory (1888 bis 1894, deutsch 1896) fast ganz als inhaltliche Einführungen gedacht. Das österreichische Buch von *A. Winkler*, Methodik der Sozial- und Wirtschaftsgeschichte (Wien 1956), vereinigt unter irreführendem Titel teils sehr spezielle Einzelstudien, die etwa zur Hälfte die Geschichte des Güterkreislaufs betreffen. Alle anderen deutschsprachigen „Einführungen in die Wirtschaftsgeschichte" bieten nur Grundtatsachen-Zusammenstellungen, Perioden-Charakterisierungen und allgemeine Problemerörterungen, so *B. Laum*, Allgemeine Geschichte der Wirtschaft (1932, ²1949–1951).

Die innere Einheit des Doppelfaches selbst bestreitet vor dem Hintergrund der angelsächsischen Zwei-Fächer-Organisation: W. *Stark*, Wirtschafts- und Sozialgeschichte: Parallele oder Kontrast? Archiv f. Rechts- u. Sozialphilosophie 54 (1968).

B. DER HISTORISCHE ASPEKT

II. Grundlagen der Geschichtswissenschaft

Die Geschichtswissenschaft bemüht sich darum, empirisch und in kritischer Sichtung aller erreichbaren Quellen zu klären, wie es „eigentlich gewesen ist“ (Ranke). Sie ist insofern, auch abgesehen von der besonderen Lage der Kirchengeschichte, nicht völlig voraussetzungslos, als der Forscher an das unübersehbare Meer vergangener Schicksale und Verhältnisse nie anders als mit bestimmten Fragestellungen herantreten kann. Jedoch versucht sie jede Zeit aus ihren eigenen Voraussetzungen heraus und in lückenloser chronologischer Kontinuität zu begreifen und einseitige Urteile von der Gegenwart her zu vermeiden. Dies kann zur Relativierung auch naturrechtlich-moralischer Maßstäbe, zu „Historismus“ im eigentlichen Sinne führen.

Außer den Ereignissen hat die Geschichtswissenschaft immer Einrichtungen der Verfassung im weiteren Sinne (institutions) behandelt. In der Blütezeit europäischer historischer Weltsicht, im 19. Jahrhundert, befaßte sie sich häufig ohne weitere Überlegung und in Fortbildung der früheren Hofhistoriographie mit interessanten Individualitäten, mit „großen Männern“, was aber nicht notwendig in ihrem Wesen liegt. Die Geschichtsforschung kann ebenso menschliche Gruppen verschiedener Art als solche ins Auge fassen und an sich unbedeutende Einzelpersonen als gruppentypisch herausstellen. Allerdings liegt in dieser Vereinfachung schon ein echtes Problem.

Die aus der (Zoologie und unmittelbar aus der) Soziologie übernommene *Typologie* bietet verschiedene Möglichkeiten, die unübersehbare Fülle geschichtlicher Individualitäten zu ordnen und geistig zu bewältigen. Sie bedeutet immer eine Entfernung von der konkreten geschichtlichen Einzelrealität zugunsten eines zusammenfassenden möglichst eindeutigen Begriffes, einer „Gestalt als Norm“. Die Geschichtswissenschaft kann kaum mit einem naturwissenschaftlichen Realtyp arbeiten, einem klassifizierenden Durchschnittstyp, der (nach *A. Spiethoff*) die Regelmäßigkeiten eines wiederkehrenden geschichtlichen Gegenstandes unter Reinigung von dessen geschichtlichen Einmaligkeiten darstellt. *Max Weber* hat zur Lösung des historisch-soziologischen Problems einen abstrahierenden reinen oder Idealtyp eingeführt, einen Typ, dem zwar auch kein Einzelfall der Wirklichkeit vollständig entspricht, der aber selbst aus dieser geschichtlichen Wirklichkeit anschaulich gewonnen ist. Ist z. B. die gleiche Erscheinung der mittelalterlichen Sozial- und Wirtschaftsgeschichte in Einzelbestandteilen „feudal“, „patrimonial“ und „charismatisch“, d. h. irrational-geistig, so müssen die feudalen Elemente einem Idealtyp „Feudalismus“ zugeordnet werden, der die „feudalen“ Merkmale in einem höchsten Grade konzentriert und gesteigert darstellt. Man mag dann die relativ größte Annäherung an diesen Idealtyp „Feudalismus“ im Lehenswesen des Frankenreiches aufsuchen und dieses zuspitzend wieder als „realisierten Idealtyp“ ansprechen.

Man kann die Typformen Gestalttyp, Struktur- oder Simultantyp, Verlaufstyp unterscheiden, dazu auch Verhaltenstypen. Gestalttypen sind dann Verdichtungen von Persönlichkeitsindividualitäten wie „der absolutistische Fürst“, „der Junker“, „der organisierte Arbeiter“ – je bedeutender der Einzelmensch, desto unbefriedigender wird seine Typenzuordnung. Strukturtypen sind der Feudalismus oder „die Industriegesellschaft“, Verlaufstypen betreffen zeitlich hintereinanderliegende Glieder von historisch mehrmals eingetretenen Abläufen wie „die Revolution“. Verhaltenstypen wären Anwendungen von Gestaltungsvorstellungen wie „Konservativismus“ oder „Fortschrittlichkeit“.

Der äußerliche Gegensatz in der Geschichtsschreibung zwischen Sozialgeschichte und Biographie als Geschichte der bedeutenden Einzelpersönlichkeit ist nicht durch Typologie aufhebbar. Er mildert sich aber, indem auch das besondere Lebensbild in seine menschliche Umwelt und ihre Strukturen hineingestellt und aus verschiedenen Bereichen (Unternehmerbiographie, Köpfe der Bauern- und Arbeiterbewegung) aufgesucht wird: Die Geschichtswissenschaft erkennt bewußt die Voraussetzungen dieser historischen Erfolge in den Wechselbeziehungen zwischen dem schöpferischen, nicht einfach auswechselbaren Einzelmenschen und der Gesellschaft seiner Zeit.

Neben den Typusbegriff ist immer mehr der *Struktur*begriff getreten – eine Bezeichnung, die auch der höheren Mathematik geläufig ist. Er hat weitgehend Begriffe wie Ordnung, Organisation, System, Gefüge ersetzt und bezeichnet jedenfalls eine sich häufig wiederholende Merkmalsgruppierung, deren Elemente wirksam aufeinander bezogen, aber nicht auseinander ableitbar sind. Die Veränderung eines Strukturelements zieht jeweils die Veränderung aller übrigen nach sich *(C. Lévi-Strauss)*. Zur Struktur der mittelalterlichen Gesellschaft gehören z. B. Immunität, Grundherrschaft, Eigenkirchenwesen. Der isoliert betrachtbaren Struktur wird im allgemeinen größere Realität zugebilligt als dem Idealtyp, doch ist die Bewertung ihrer Dauerhaftigkeit umstritten. Die geschichtswissenschaftliche Untersuchung von Gestalt- und Verlaufstypen und Strukturen löst sich freilich nie von der konkreten Quellenaussage und erkennt jede zutreffende abweichende Einzelangabe grundsätzlich als Berichtigung des Gesamtbildes an.

Der Zeitbegriff der Geschichtswissenschaft entspricht nicht ganz dem naturwissenschaftlichen; die historische Zeit hat verschiedenartige Qualität nach der Dichte des Geschehens und kennt eine gewisse Ungleichzeitigkeit des formell Gleichzeitigen: Zu unseren Zeitgenossen gehören noch exotische Kleinvölker auf Steinzeitstufe.

Die Geschichtswissenschaft schließt, obwohl im Wesen nicht systematisch, Gesetzmäßigkeiten im Geschichtsverlauf nicht von vornherein aus; sie will solche aber ausschließlich aus den geprüften Tatsachen, von „unten" her, ableiten und verzichtet auf Erklärung, wo dies nicht schlüssig gelingt. An Ausfüllung von Quellenlücken mittels Analogieschluß oder Schätzung geht sie nur mit starken Vorbehalten heran. Die Besorgnis, das Bild der Vergangenheit schon durch die Fragestellung zu verfälschen, ist ihr natürlich. Insofern ist sie nur zum Teil anwendbare Erfahrungswissenschaft, ein schriftliches überpersönliches Gedächtnis, das Auskunft gibt und vor Wiederholung von Fehlern warnt. Gutenteils bleibt sie allgemeine Erhellung und Ortsbestimmung der Gegenwart, Sicherung der Entwicklungskontinuität, Selbsterkenntnis des Menschen, also historische Anthropologie, allgemeines Bildungswissen an Erinnerung und Erweiterung des Bewußtseins, auch insoweit Traditionsbindung an eine nicht naturgegebene Großgruppe (Staatsnation, Kirche).

An grundsätzlichen, nicht nur persönlich der „Historikerzunft" geltenden Angriffen auf die Geschichtswissenschaft und ihre rein geisteswissenschaftlich-hermeneutische Methode hat es auch in ihrer Blütezeit nicht gefehlt. Die geistige Macht des besonders von *Dilthey* philosophisch unterbauten idealistischen Historismus war nicht überall so stark wie in Deutschland. Im eigenen geisteswissenschaftlichen Umkreis ist er von einer Erkenntnisrichtung angegriffen worden, die durch unmittelbare Wesensschau oder Intuition die Wahrheit tiefer zu erfassen glaubte (Phänomenologie); aus dieser Richtung erfolgte der erste Gegenschlag schon mit *Nietzsches* Schrift „Vom Nutzen und Nachteil der Historie für das Leben" (1874). Dazu kam die Gegnerschaft einer analytisch-dialektischen Richtung, die eine Widersprüchlichkeit in der Vergangenheit selbst annahm und nicht nur ein Eingehen auf die Bewegungen dieser gegensätzlichen Kräfte verlangte, sondern auch die Verbindung der Erkenntnis mit dem systemverändernden Handeln durch Wissenschaft. Von naturwissenschaftlichen Ideen war eine positivistische Richtung beeinflußt, als deren Vertreter *K. R. Popper* in seinem Buch „The Poverty of Historicism" (1957/58) die historische Methode, den Historischen Idealismus *und* den historischen dialektischen Materialismus zugleich angriff und in schädlichem Gegensatz zur modernen „offenen Gesellschaft" sah. Im Gespräch mit Marxisten kann die Erkenntnistheorie von vornherein nicht als ein philosophisches Problem an den Rand des Historischen ausgesiedelt werden, weil nach Hegel und Marx die Dialektik eben Denk- und Geschichtsvorgang zugleich ist. Nichtmarxistische Geschichtswissenschaft braucht aber eine Entwertung ihrer gesamten als objektiv tatsachenrichtig befundenen Forschungsergebnisse durch behauptete Anwendung einer „falschen" Erkenntnistheorie nicht einzuräumen. Eine Gefahr für ihre Wissenschaftlichkeit liegt sicherlich in der Möglichkeit des zu frühen Verharrens bei der bloßen gelehrten Tatsachenstoffsammlung, im Zurücktreten der gedanklichen Siebung und Einordnung. Hier kann die Geschichtswissenschaft von theoretischen Wissenschaften her durchaus fruchtbare Gegenwirkungen empfangen, da ihr Stoff sie dabei nicht grundsätzlich zu einer „Sinngebung des Sinnlosen" *(Th. Lessing)* zwingt.

Moderne Geschichtswissenschaft bewegt sich also auf einer mittleren Linie. Sie muß das auch angesichts der nie ganz lösbaren Aufgabe tun, zugleich die einzige Wissenschaft der Längsschnitte durch die Zeiten und als Strukturgeschichte außerdem eine Wissenschaft der Querschnitte zu sein. Einerseits kann es eine eigenständige echte Theorie der Geschichte an sich als Ablaufwissenschaft nicht geben; die sog. Geschichtstheorien sind in Wahrheit theologischer, philosophischer *(Hegel)*, biologischer, psychologischer oder wirtschaftswissenschaftlich-soziologischer Herkunft (*Marx*). Andererseits dürfen die neuerdings erhobenen, den Tatsachenpositivismus weitertreibenden Forderungen des Strukturalismus als überspitzt gelten, zugunsten der Struktur den Verlauf als solchen aufzuheben und die lineare Einheit der Geschichte überhaupt zu beseitigen, die Diskontinuität einzelner Geschichtsgebiete zu bejahen und nur noch durch Synchronisierung ihrer Zeitaspekte zu überbrücken.

Die Geschichtswissenschaft bemüht sich grundsätzlich um Struktur *und* Aktion und um alle Zeiten der Vergangenheit. Sie bevorzugt arbeitsmäßig innerhalb der Zeit schriftlicher Überlieferung manchmal etwas ältere Perioden, deren Trägergenerationen verstorben sind, weil für sie unmittelbare Gegenwartsinteressen eine geringere Rolle spielen und deshalb Quellen reicher aufgedeckt werden.

In großen historischen Staatsräumen wie Deutschland und Frankreich wird die Wirtschafts- und Sozialgeschichte häufig in der räumlichen Abgrenzung der Landesgeschichte (auch im Rahmen der geschichtlichen Landeskunde) gepflegt. Diese hat den Vorteil, infolge eines fest beschränkten Quellenbestandes eine bessere Integration aller historischen Teilaspekte erreichen zu können („In Grenzen unbegrenzt"), und verfügt über eine unmittelbare Anschauung der örtlichen Schauplätze des Geschehens.

Literatur:
Die Fragestellungen in der deutschen Geschichtswissenschaft haben sich im letzten Jahrzehnt so stark verändert, daß die ältere allgemeine Einführungsliteratur selbst weitgehend historisch geworden ist. Über die Strömungen der 1950er Jahre in Deutschland, England, Frankreich, USA und Holland unterrichtet *F. Wagner,* Moderne Geschichtsschreibung. Ausblick auf eine Philosophie

der Geschichtswissenschaft (1960). Auf die moderne Entwicklung geht am meisten ein *Th. Schieder*, Geschichte als Wissenschaft. Eine Einführung (1965, 2. Aufl. 1968). Das Buch enthält zwei Aufsätze über Möglichkeiten und Grenzen vergleichender Methoden in der Geschichtswissenschaft und über Strukturen und Persönlichkeiten in der Geschichte; es behandelt den Begriff des historischen Verstehens, Subjektivität und Objektivität, Generelles und Individuelles, Typenbildung, Ideologiekritik, Raum und Zeit, Periodisierung, Ethikprobleme und „historische Größe". Tiefgehende Überlegungen steuerte *R. Wittram* bei, zuletzt das Bändchen „Anspruch und Fragwürdigkeit der Geschichte" (1970). Eine gute Auseinandersetzung besonders mit philosophischer Hermeneutik *(Gadamer)* und „kritischer Theorie" *(Habermas)* gibt *K.-G. Faber,* Theorie der Geschichtswissenschaft (1971, mit Bibliographie).

Marxistisch: Geschichtstheorie und Geschichtsschreibung, hsg. v. Institut f. marx. Studien u. Forschungen (Marxismus Digest 2, 1971).
Aus der französischen Literatur wirkt noch heute stark *M. Bloch,* Apologie pour l'histoire ou métier d'historien (1942, ^{4}1961), mit Kapiteln über Zeit, Beobachtung, Kritik, Analyse. Ferner *J. Glénisson,* L'historiographie française contemporaine. Tendances et réalisations, in: La recherche historique en France de 1940 à 1965 (Paris 1965). Angelsächsische Beiträge finden sich in den amerikanischen Sammelbänden: Theories of History, hsg. v. P. Gardiner (New York 1959, London 1960) und – wirtschafts- und sozialgeschichtlich ausgerichtet – History as a Social Science, hsg. v. D. Landes u. Ch. Tilly (Englewood Cliffs N. J. 1971).

Zu Einzelproblemen: Generalization in the Writing of History, hsg. v. *L. Gottschalk* (Chicago–London 1963) mit Bibliographie. *J. Janoska-Bendl,* Methodologische Aspekte des Idealtypus. M. Weber und die Soziologie der Geschichte (1965). *Th. Schieder,* Der Typus in der Geschichtswissenschaft, in: Th. Schieder, Staat und Gesellschaft im Wandel unserer Zeit (^{2}1970, engl. 1962). Der moderne Strukturbegriff. Materialien zu seiner Entwicklung 1930–1960, hsg. v. *H. Naumann* (1970). Zur histor. Anwendung strukturalistischer Methoden in Sprachwissenschaft, vergleichender Mythologie und Ethnologie: Histoire et structure. Un bilan essentiel des tendances nouvelles de la science historique, Numéro spécial der Zs. Annales 26 (1971).

Zu Geschichte und Soziologie allgemein (histor. Entwicklung s. u. D XIII): Sociology and History, hsg.v. *Cahnmann-Boskoff* (1964). *R. Hofstadter, S. M. Lipset* u. a., Sociology and History: 1 Methods, 2 Theory (New York 1968, zur amerik. Geschichte). *F. Braudel,* Histoire et sociologie, in: Traité de Sociologie, hsg. v. *G. Gurvitch,* 1 (Paris 1958, s. auch ders. in: Annales 13, 1958). Marxistisch: *P. Bollhagen,* Soziologie und Geschichte (1966).

Die seit 1961 erscheinende, amerikanisch redigierte Zeitschrift „History and Theory" behandelt Geschichtstheorie, Historiographie, historische Methode und Beziehung zu Wirtschaftswissenschaften, Psychologie, Soziologie u. a.

Über die Anwendung der elektronischen Datenverarbeitung in der Geschichtswissenschaft wird unten im Kapitel C. VIII. gehandelt.

III. Quellen und Quellenprobleme des historischen Zugangs

Die Quellen der Geschichtswissenschaft als Nachweise menschlichen Handelns können für unsere Zwecke in verschiedenartige Gruppen gegliedert werden, vor allem in Sachquellen und Schrift- und Bildquellen; Sekundärliteratur sind den schriftlichen Quellen gegenüber jeweils nicht mehr zeitgenössische, später rückblickende Darstellungen. Die sachlichen Überreste sind (über die Erdgeschichte hinausgehende) menschliche Veränderungen der Naturlandschaft durch Rodung, Flurabgrenzung, Straßen-, Deich- und Kanalbau, durch Bergbau, Befestigungs-, Kult-, Wohn- und gewerbliche Bauten in der Landschaft und durch geschlossene Dorf- und Stadtsiedlung, ferner Rechtsaltertümer, Gräber und (im Frühmittelalter) Grabbeigaben, sonst erhalten gebliebene Waffen, Werkzeuge, mechanische Einrichtungen und später Maschinen, Wagen und Schiffe, Möbel, gewerbliche Erzeugnisse des täglichen Verbrauchs aus mehr oder minder haltbaren Werkstoffen, Schmuck und Münzen, Schrift- und Druckwerke und Werke der bildenden Kunst, sowohl als Buchillustration wie selbständig (Berufsbilderfenster der Kathedrale von Chartres!).

Die schriftlichen Überreste der Wirtschaftsgeschichte befinden sich meist auf Pergament und Papier, aber auch Wachstafeln oder Birkenrinden (Nowgorod a. Ilmensee). Sie lassen sich mit *L. Beutin* in Primärquellen, die unmittelbar der wirtschaftlichen Tätigkeit von Privatleuten oder öffentlichen Gewalten entstammen, und in Sekundärquellen gliedern, die nur von außen her über wirtschaftliche Tätigkeit verfügen oder darüber berichten. Primärquellen sind dann – zugleich für die Sozialgeschichte – Rechtsaufzeichnungen über Besitz, Güterübertragung, Einkünfte, Schuldverhältnisse und Nachlässe, Steuer-, Zoll- und Abgabenverzeichnisse, Steuerkataster zur Einstufung der Leistungsfähigkeit, Kirchen- und Spitalrechnungen, öffentliche Haushaltsrechnungen – diese alle Zeugnisse öffentlicher Finanzwirtschaft –, vereinbarte Lohntarife, Wechsel- und Effektenkurstafeln der Börsen, Verträge und Verhandlungsprotokolle, Bilanzen und Geschäftsberichte, Geschäftsbücher und Geschäftsbriefe, für die Sozialgeschichte auch Personenstandsregister. Hierher gehören neuerdings auch Bild- und Tonaufzeichnungen. Zu den Sekundärquellen zählen Gesetze, Rechtsverordnungen und Weisungen von Gewohnheitsrecht, Privilegien, Zunftstatuten und sonstige genossenschaftliche Ordnungen, Rechtsentscheidungen aller Gerichte, Berg- und Seerechte, Patente, obrigkeitliche Preis- und Lohntaxen und Tarife, Statistiken, Protokolle, Berichte und Denkschriften aus der öffentlichen Verwaltung, Chroniken, Reisebeschreibungen, Tagebücher und Selbstbiographien, Karten und Pläne, sonstiges Schrifttum der Zeit, Zeitschriften und Zeitungen, endlich Werke der zeitgenössischen schönen Literatur.

Einige besonders wichtige Quellengruppen seien ins Auge gefaßt.

1. 600–1500. Unter den Königsverordnungen der Karolinger, den Kapitularien, wurde das Capitulare de villis über Domänen- und Musterwirtschaft berühmt. Für die Agrargeschichte sind seit dem Frühmittelalter die Besitz-, Gütererwerbs- und Einkünfteverzeichnisse der großen Grundherrschaften, die Traditionen und die *Urbare* (auch Salbücher, von urbar = ertragbringend und sal = Übereignungsakt, engl. sale, auch Lagerbücher) bedeutsam, zunächst klösterliche (St. Germain-des-Prés, Werden a. Ruhr, Prüm), dann königliche, landesherrliche und adelige. Das Urbar führte für jede pflichtige Hufe die Jahrespflichtleistung in Geld, Getreide, Groß- und Kleinvieh, Eiern, Käse, Honig, u. U. Wein, Lein, Eisen, manchmal auch Fertigerzeugnissen wie Bier oder Tuch, sowie in Frontagen und Fronfuhrenzahl an. Es gibt dadurch auch Aufschluß über die Landbewirtschaftung selbst. Besonders aufschlußreich sind dann mittelalterliche Urbare, die Abgaben gelegentlich wahlweise in Naturalien oder in Geldwert anführen (Beispiel: bayerisches Falkensteiner Urbar von 1165/74–1193).

Mit dem Aufkommen des Lehenswesens treten den Salbüchern *Lehenbücher* mit Verzeichnis der Leistungen an den Lehensherren zur Seite. England erhielt als Reichs-Grundbuch aller Besitzungen und ihrer Einkünfte und als Grundlage des Lehenssystems und der Besteuerung bereits 1085/86 das berühmte königliche Domesday-Book. Seit dem 13. Jh. mehren sich die Gutsverwalterabrechnungen (engl. bailiffs' accounts) für Jahresfolgen, die über Ernten (Klima), Sterblichkeit, Preise und Löhne berichten. Die volle Ausbildung des Territorial- und Ämterstaates führte seit dem 14. Jahrhundert zur Vermehrung und Verselbständigung der *Steuerverzeichnisse,* die gleichzeitig eine Hauptquelle der Bevölkerungsgeschichte sind; u. a. haben wir die Listen der englischen Kopfsteuer (Poll tax) von 1377, die den Bauernkrieg auslöste.

Von gleicher Quellenbedeutung sind die Rechnungsbücher (Raitbücher) der Verwaltung. Stadt- und bes. Spitalrechnungen sind eine Fundgrube der älteren Preis- und Lohngeschichte. Für die Handelsgeschichte bilden *Zollrollen* und Geleitsregister eine grundlegende Quellengruppe. Die englischen Customs accounts beginnen 1273 und lückenlos 1399; sie sind wohl die ältesten langen Zahlenreihen der Wirtschaftsgeschichte mit jährlichen Angaben. Manche Städte vermerkten Zolleinnahmen in den Schöffengerichtsbüchern. Hingegen sind keine Listen von Zöllen und Waaggebühren Brügges in seiner großen Zeit erhalten, die in den Hochadel zu Lehen vergeben und dann verpachtet waren.

Zuerst in Italien wurden seit dem 12. Jahrhundert *Notariatsurkunden* über Privatgeschäfte üblich; auf ihnen vor allem fußt die ältere Handelsgeschichte von Genua und Venedig, auch die regionale französische Wirtschaftsgeschichte. Die Notare von Genua beginnen schon 1154 (Ausgabe Notai Liguri für das 12. Jh. von 1935, 1938–40), die von Venedig sogar

1021 (auf Kreta 1278; Ausgabe 1940, 1950 ff.). Seit dem 13. Jahrhundert erschienen sie auch in Teilen Deutschlands, in anderen Teilen gab es städtische Kaufvertrags- und Grundbücher, in Antwerpen Notarverträge und amtliche Certificatieboeken (erhalten ab 1488) nebeneinander. Verwandt sind *Testamente*. Die Hansestadt Lübeck allein besaß bis 1945 rund 1600 bürgerliche aus der Zeit bis 1370. *Leibgedingbücher* verzeichneten die Leibrentenzahlungen an Darlehensgeber in Ländern, wo das kirchenrechtliche Zinsverbot formell noch beachtet wurde.

Das Schriftgut der städtischen Selbstverwaltung war allgemein früh und gut ausgebildet. Venedig hatte seit dem 13. Jahrhundert bereits halbjährlich verabschiedete Finanzpläne, den bilanzo d'avviso. Rein privaten Charakters sind noch die insgesamt selten erhaltenen *Geschäftsbücher* und Geschäftskorrespondenzen von Einzelkaufleuten. Solche erscheinen in Italien und in Deutschland seit dem letzten Drittel des 13. Jahrhunderts (Teile der Handelsbücher der Peruzzi in Florenz, einer Weltfirma, 1300 bis 1339, erstes vollständiges deutsches Kaufmannsbuch Holzschuher – Nürnberg 1304–07, erstes hansisches von Geldersen – Hamburg 1367–92). Das größte erhaltene Firmenarchiv ist das des Bankhauses Datini in Prato b. Florenz um 1400 mit über 500 Rechnungsbüchern und rund 153 000 Briefen (*A. Sapori* 1934, umfangreiche Ausschöpfung durch *F. Melis* unter dem Titel „Aspetti della vita economica medievale", 1962). Vom Hause Medici sind nur drei Geheimbücher aus der ersten Hälfte des 15. Jhs. erhalten. Das Eindringen der arabischen Ziffern mit Stellenwert in Italien im 13./14. Jh. machte erst richtige Kalkulation möglich. Die doppelte Buchführung erscheint zuerst in Genua im 14. Jh. und voll ausgebildet in den Hauptbüchern des Mailänder Hauses der Borromei von 1427/28. Die erste Darstellung der Systematik der doppelten Buchführung und damit der Grundlagen der Jahresbilanz gab 1494 der Franziskanermönch Fra Luca Pacioli (Buchhaltungstraktat, deutsche Übers. von Penndorf 1933, Ndr. 1968). Vielseitig aufschlußreich sind Sammelbücher (Zibaldoni) der Kaufleute über Münzen, Maße, Gewichte, Zölle, Marktordnungen und Handelsbräuche in fremden Handels- und Hafenplätzen. Das älteste dieser sog. *Usanzenbücher* ist von einem Pisaner Notar oder Kaufmann von 1278 erhalten, das berühmteste ist die „Pratica della Mercatura" des Florentiners Pegolotti von 1310/40. Aus dem Firmenbereich der Fugger stammt ein (von *K. O. Müller* unter dem Titel „Welthandelsbräuche 1480–1540" herausgegebenes) Merkbuch des Entdeckungszeitalters. Auch Rechnungen aus dem landwirtschaftlichen Großbetrieb werden als Quellen allmählich häufiger. Eine einzigartige Quelle ist das seit etwa 1400 erhaltene Archiv der spanischen Schafweide-Organisation, der Mesta (im Besitz des Sindicato Nacional de Granadería, Madrid).

Für die mittelalterliche Sozialgeschichte sind vor allem Rechtsquellen eine wichtige Grundlage. Für das Frühmittelalter bieten die germanischen

Volksrechte als gewiesenes Gewohnheitsrecht mit Bußbestimmungen vielseitige Aufschlüsse, darunter die fränkische Lex Salica aus dem 6. Jh. Die Russkaja Pravda aus dem frühen 11. Jh., die älteste russische Rechtsquelle, enthält ähnliche Angaben. Hinzu kommen als Festlegungen des Gewohnheitsrechts zwischen Grundherrn und bäuerlichen Genossenschaften die *Weistümer.* Volksrecht waren auch die im 13./14. Jahrhundert entstehenden großen *Land- und Lehensrechte* oder „Spiegel" (Sachsenspiegel um 1220). Stadtrechtsurkunden (Handfesten) bildeten den Kern der dann zu Stadtbüchern anwachsenden Stadtrechte. Seit dem 14. Jahrhundert wurden städtisches Gewerbeleben und Arbeitsrecht auch durch geschlossene *Zunftstatuten* geregelt. Im Pariser „Livre des Métiers" von 1260 bestätigte die königliche Stadtbehörde die 101 Zunftstatuten der Stadt. *Bürger* (aufnahme) *bücher* beleuchten durch Herkunftsvermerke Wanderungsvorgänge. Zahlreiche Aufschlüsse vermittelt auch die für unseren Bereich ausführlichste erzählende Quellengruppe, die Reihe der *Städtechroniken.*

2. *1500–1800.* Für manche Länder wie Polen erreichen die Urbare oder Güterinventare erst in diesem Zeitraum ihre volle Quellenbedeutung. Die merkantilistische Wirtschaftspolitik ließ die staatlichen Verwaltungsakten stark anschwellen und Zoll- und Steuerregister zahl- und umfangreicher werden. Seit dem 17. Jahrhundert entstanden neben den Finanzbehörden besondere Wirtschaftsbehörden. Im Bergwesen ließen landesfürstliche Monopole und Ansprüche auf Ertragsanteile, im Textilexportgewerbe städtische Qualitätsprüfstellen für die Weberarbeit (Schauanstalten) frühe Produktionsstatistiken entstehen. Namentlich in Frankreich (für Paris seit 1520) sind offizielle Monats-Marktberichte (Mercuriales) waren- und preiskundlich ergiebig. Als quantitative Quelle der Staatsverwaltung tritt im 17./18. Jahrhundert die (noch vielfach fehlerhafte) gesamtstaatliche *Statistik* hinzu, auch bereits als Außenhandelsstatistik und Gewerbestatistik mit Rücksicht auf die staatliche Handelsbilanz. Die meisten bekannten Zunftstatuten gehören erst dieser Zeit an. Die privaten *Firmenarchive* werden zahlreicher, als bedeutendstes das des Augsburger Hauses Fugger (in Dillingen/Do.) mit mehreren Generalbilanzen, doch bleibt die Geschichte der Handelsplätze Antwerpen und Sevilla auf die Notariatsarchive angewiesen. Konkursakten haben sich oft in öffentlichen Archiven erhalten. Bedeutende Archivbestände hinterließen die spanische Casa de Contratación (Archivo General de Indias, Sevilla) und die englische und die niederländische Ostindien- und Westindienkompanie (India Records und India Office Library London, Reichsarchiv den Haag).

Als die berühmtesten langen *Zollregister* der Epoche sind die dänischen Sundzölle am Øresund (Schloß Helsingør) seit 1497 und die Zölle von Sevilla im Seehandel nach Spanisch-Amerika 1504–1650 veröffentlicht. Eine wichtige Zollquelle für Schiffsbewegungen bilden auch die englischen Schatzamts-Hafenbücher (Exchequer Port Books), die seit 1558 zweimal jährlich zentral eingefordert wurden und in 14 000–15 000 Bänden und Bündeln erhalten sind. (*R. C. Jarvis,* The Archival History of the Costums Records, Journal of the Society of Archivists 1, 1959). Unter den Zollregistern Innereuropas spiegeln die Westzölle Polens (Posen 1507–85) und Ungarns (Preßburg 1457/58, 1542) den Ochsengroßhandel. Die auf den Ständeversammlungen vorgebrachten Landesbeschwerden eröffnen oft Einblicke auch in die wirtschaftliche und soziale Lage. Eine berühmte vielseitige Quelle sind die über 40 000 Cahiers de doléance von 1789, die jedem Abgeordneten zur Generalständeversammlung mitgegebenen Beschwerdehefte auch der einzelnen Städte, Landgemeinden oder Zünfte des vorrevolutionären Frankreich (hsg. seit 1906). Zu den wichtigsten Dokumenten der „industriellen Revolution" gehören der Briefwechsel Watt-Boulton und die Geschäftspapiere ihrer Dampfmaschinenfabrik (Stadtbibliothek Birmingham). Ins späte 18. Jahrhundert fallen die Anfänge der gedruckten Firmengeschichten und Unternehmerbiographien. Für die Bevölkerungsgeschichte setzen seit Ende des 15. Jhs. die Pfarrbücher ein, die seit dem 17./18. Jh. für historische Sterblichkeitstabellen (*J. P. Süßmilch*) ausgewertet wurden.

3. 1800–Gegenwart. Der Liberalismus brachte eine Lockerung, der Neomerkantilismus aber eine dann immer weiter zunehmende Ausdehnung staatlicher Wirtschafts- und Sozialverwaltung und staatlicher und gemeindlicher Statistik. Die Ausbreitung des Konstitutionalismus mit Budgetrecht der Volksvertretungen war mit der bisher nur im britischen Parlament üblichen gedruckten Veröffentlichung der laufenden Staatshaushalte verbunden; sie pflegte als Beilage zu den Finanzgesetzen zu erfolgen. Die britische Bändereihe der 1731 einsetzenden Parliamentary Papers wird seit 1800 immer reicher an Angaben zur Wirtschafts- und besonders Außenhandelsstatistik und gibt seit Bd. 3/33 (1857/58) auch gelegentlich lange Reihen bis ins 17. Jh. zurück. (Vgl. *G. u. P. Ford,* A Guide to Parliamentary Papers, 1956.)

Seit der Mitte des 19. Jhs. entstanden in allen größeren Staaten zusammenfassende statistische Jahrbücher (Großbritannien seit 1854, Frankreich seit 1878, Deutsches Reich seit 1880), die das Material für immer weitere Bereiche veröffentlichten. Für besteuerte Verbrauchsgüter wie Salz, Bier, Branntwein, Mehl, Fleisch, Tabak ermöglicht oft die Steuerstatistik den Rückschluß auf die Verbrauchsmengen. Die Arbeitsstatistik konnten sich erst entwickeln, als sich seit dem britischen Zehnstundentagsgesetz (für Frauen und Jugendliche) von 1847 allmählich ein Maßstab der Arbeiter-Vollbeschäftigung herausbildete. Eine Berechnung des Welthandels nach Wert und Mengenumfang veröffentlichte auf der Grundlage von Großhandelspreisen seit 1880 der britische Board of Trade, das Handelsministerium.

Die wesentlichsten Steigerungen der Staatsausgaben verursachten im

20. Jahrhundert das Aufkommen des „Wohlfahrtsstaates", die Kriegszwangswirtschaft und die Einführung der dauernden Zentralverwaltungszwangswirtschaft in den sozialistischen Ländern. Die Aktenmassen der Verwaltungen wuchsen durch die Einführung der Schreibmaschine und erst recht der Fotokopie noch lawinenartig an, obwohl der persönliche Brief weithin durch das (meist) spurenlose Telefongespräch ersetzt wurde. Bei solchen laufenden Schriftquellen ohne Rechtsbedeutung stellt sich schon mit der jeweiligen Abgabe aus den Registraturen in die Archive – manchmal nur in eigene Hausarchive von Ministerien – das Problem von Masse und Wert. Seit der technischen Kopienhäufung ist eine vollständige Archivierung der sog. massenhaften gleichförmigen Einzelsachakten vollends weder sinnvoll noch nach Regalkilometern möglich. Es muß also eine Auslese des „Erhaltenswerten" durch sog. Kassation und Aktenvernichtung erfolgen. (Vgl. dazu R. *Morsey*, Wert und Masse des schriftlichen Quellengutes als Problem der historischen Forschung. Erwartungen des Forschers von der Erschließung der Archive, in: Der Archivar 24, 1971). Ein Teil der Archivare (Angabe aus der DDR) betrachtet es heute als Faustregel, daß etwa 1 (ein) % alles produzierten Schriftgutes der staatlichen Registraturen zur dauernden Aufbewahrung in die Staatsarchive übernommen wird. Im privatwirtschaftlichen Westen ist es mehr. Über den laufenden Archivierungsanteil privaten Geschäftsschrifttums läßt sich noch weniger sagen.

Die Schwierigkeit für den kassierenden Archivar lag und liegt darin, daß die spätere Interessenverlagerung der Forschung nicht immer voraussehbar ist. Die moderne Strukturforschung ist dank der mechanischen Datenverarbeitung in der Lage, durch Massenanalysen tausender jeweils für sich gleichgültiger Angaben ihr historisch-statistisches Interesse nahezu unbegrenzt zu betätigen – nur wurden im 19. Jh. zwar die rechtswichtigen Urkundenregister gesammelt, die Urmaterialien von Steuererhebung, Gewerbestatistik, Einwohnermeldebogen usw. oder von Zollerhebungen unterhalb der Stadt- und Landkreisebene bzw. Zentralamtsebene aber im allgemeinen als Makulatur vernichtet und allenfalls in einzelnen Beispieljahrgängen archiviert. So leidet z. B. auch die Erforschung des Scheiterns industrieller Unternehmungen in Deutschland noch nach 1900 daran, daß die Konkursakten von den Amtsgerichten nach höchstens 30 Jahren den Staatsarchiven angeboten, von diesen meist abgelehnt und dann beseitigt wurden. Archivalienvernichtung durch äußere Einwirkung kam hinzu.

Der Zwiespalt zwischen theoretisch und praktisch möglicher Feinstrukturforschung ist also mit den eigenen Mitteln der Geschichtswissenschaft nur noch teilweise zu schließen. Statistische und andere Ergebnisse der Verwaltung wurden allerdings in steigendem Maße auch in der Tagespresse festgehalten. Die (Industrie- und) Handelskammern reichten jährliche *Kammerberichte* über die Entwicklung ihres Bezirks ein und veröffentlichten sie in manchen Ländern (in Deutschland seit 1835 ff.). Wirtschaftsverbände und Gewerkschaften trugen Material nach anderen Gesichtspunkten zusammen. Die größeren Unternehmungen gaben außer gedruckten *Geschäftsberichten* dann ebenfalls in den Zeitungen laufende Nachrichten. Materialsammlungen besonderer Art sind die (in Deutschland 1876 einsetzenden) staatlichen Wirtschaftsenquêten zur Vorbereitung der Gesetzgebung. Viel Stoff bieten auch *Konsulatsakten.*

Moderne private Verwaltungs- und Geschäftsakten sind gleichfalls nur noch der ausschnittweisen Edition zugänglich. Die industriellen Großunternehmen bauten fachgerecht eigene *Firmenarchive* auf (Krupparchiv 1905, Siemensarchiv 1907, Wedgwoodarchiv Etruria, Archiv der Standard Oil, Rothschildarchiv/Paris). Als *regionale Wirtschaftsarchive,* die in Anlehnung an Handelskammern privates Archivgut sammelten, entstanden 1906 das Rheinisch-Westfälische Wirtschaftsarchiv in Köln, 1911 das Schweizerische Wirtschaftsarchiv in Basel, 1914 das Nederlandsch Economisch-Historisch Archief im Haag, in Deutschland 1941 noch das Westfälschliche Wirtschaftsarchiv in Dortmund, für Dänemark 1942 das Erhvervshistorisk Arkiev in Århus (1962 staatlich). Bei den Archives Nationales, Paris wurde 1949 eine Abteilung für Werksarchive errichtet. Für die Vermögens- und Kapitalbildungsgeschichte sind nach wie vor Notariatsregister und Grundbücher ergiebig. Verkehrsarchive mit Material besonders zur Eisenbahngeschichte bestehen in Nürnberg und als Abteilung des Österr. Staatsarchivs in Wien. Für die Aufnahme des Archivguts sozialisierter Unternehmen entstand 1953 das staatliche Zentrale Wirtschaftsarchiv in Budapest.

In der Zeitgeschichte ist auch das archivierte (Tonband-, Film-)Interview noch lebender Mitbeteiligter oder Zeugen von Vorgängen eine wertvolle Quelle geworden. Die *Unternehmer-Autobiographien* haben zuweilen hohen Rang erreicht (W. v. Siemens, Lebenserinnerungen 1892; H. Ford, My life and my work, 1922).

In gewisser Weise ist auch zeitgenössische schöne Literatur, besonders der soziale Roman, eine durch dichterische Phantasie gefilterte sozialgeschichtliche Quelle. Zu nennen sind hier etwa in England Dickens, in Frankreich Balzac, der über 40 Bände einer solchen dichterischen Gesamtdarstellung der Gesellschaft seiner Zeit, einer „Comédie humaine", hinterließ, in Deutschland G. Freytag mit „Soll und Haben" (1854), Fontane mit seinen Brandenburgromanen und Thomas Mann mit „Buddenbrooks" (1901). (S. unten B V, S. 37).

Als neuere Einführung in das geschichtliche Forschen haben sich bewährt: *H. Quirin,* Einführung in das Studium der mittelalterlichen Geschichte, [3]1964. *E. Opgenoorth,* Einführung in das Studium der neueren Geschichte,

1969. DDR: *E. Eckermann–H. Mohr*, Einführung in das Studium der Geschichte, 1966. Eine umfassende Einführung in das Gesamtgebiet der Geschichtsforschung mit seinen methodischen Möglichkeiten einschließlich der modernsten technischen gibt das Sammelwerk „L'Histoire et ses méthodes", hsg. v. *C. Samaran*, Paris 1961.

Die historische Methode erfordert zunächst die kritische Prüfung der aufgefundenen Quellen auf ihre Glaubwürdigkeit hin. Probleme der formalen Quellenkritik weist namentlich das Mittelalter auf. Da Einkommensansprüche hauptsächlich durch Vorweisen von Originalurkunden bewiesen wurden, war – abgesehen von bewußter Vernichtung fremder Archive – die *Urkundenfälschung* weit verbreitet. Es gab Teilfälschungen durch Zusätze oder Ausmerzungen und Totalfälschungen. Die Prüfung ist besondere Aufgabe der Urkundenlehre. Die großenteils lateinische Quellensprache der Zeit schafft besonders bei germanischen Überlieferungen der Sozialgeschichte Übersetzungsprobleme und beschäftigt die *Begriffs- und Wortgeschichte*, die auch die Verschiedenheit mittelalterlich-frühneuzeitlicher und moderner Inhalte derselben Bezeichnungen herausarbeitet (spezielle Semantik oder Semasiologie). Auf diesem Felde hat besonders die Sozialgeschichte des Mittelalters *(O. Brunner)* Kämpfe mit der modernen Begrifflichkeit der Rechts- und Verfassungsgeschichte ausgefochten. Ein berühmtes Beispiel ist der Titel „Referendar", heute ein Beamtenanwärter im Vorbereitungsdienst, im fränkischen Frühmittelalter der höchste Hofbeamte der Königskanzlei. „Gulden" ist im 15. Jh. eine Goldmünze, im 17. Jh. eine Silbermünze. Noch im 18. Jh. bedeutet für die Wirtschaftsgeschichte „Fabrik" u. U. ein loses Verlagsunternehmen von Heimhandwerkern, noch im 19. Jh. „Fabrikant" einen Facharbeiter, „Rentner" noch bei Lenin einen reichen, privatisierenden Kapitalzinsverzehrer.

Inhaltlich bedingten vor allem Steuerrecht, Erbrecht und Schuld- und Konkursrecht (Fallitenrecht) immer wieder die schriftliche Einreichung quantitativer Falschangaben sowie Falschbewertungen und das „Frisieren" von Bilanzen durch Private oder Beamte. Beamtenkorruption führte namentlich im merkantilistischen Zeitalter zu Falscheinträgen in Akten zwecks Unterschleifverschleierung. Daneben gab es immer Vorspiegelung von Amtserfolgen zwecks Karrierebeschleunigung, wofür die berühmten Potemkinschen Dörfer in Rußland (1787) nur ein besonders krasser Fall waren.

Mit dem Aufkommen der *Statistik* wird auch diese zum besonderen Gegenstand der Quellenkritik. Als Quellen der primärstatistischen Erhebung werden unmittelbare Befragungen der Auskunftspflichtigen bezeichnet, als sekundärstatistische Quellen Aufzeichnungen über Massenvorgänge, die zunächst wie z. B. Akten anderen als statistischen Zwecken dienten. Außer möglicher Ermittlung von Abschreib- und Additionsfehlern, Lücken, Doppelzählung, bewußter Übertreibung zugunsten der Beamtenkarriere, Einfluß der Witterung auf Beschäftigungsstatistik usw. ist zu beachten, welche – oft längst veralteten – Wert- und Größenansätze den Zusammenstellungen von Reihen zugrunde gelegt wurden. So wurden die „offiziellen" Zahlen der britischen Handelsbilanz bis 1854 zu den Güterpreisen von 1696 berechnet, so liegt der westdeutschen Baukostenstatistik ein starres „Indexhaus" von 1928 zugrunde. (Zur Statistik und zum Indexproblem mehr s. unter C. VIII, S. 55 ff.). Auch an sich richtige Statistiken können im Dienste bestimmter Interessen propagandistisch verwertet falsche Vorstellungen erzeugen. So stellte die deutsche schutzzöllnerische „Los-von-England-Bewegung" nach 1815 aus der britisch-deutschen Handelsbilanz einseitig nur den Fertigwarenverkehr heraus, so bot noch die deutsche Reichsregierung Brüning in der Weltwirtschaftskrise dem Ausland und dem Inland zwei verschiedene Arbeitslosenstatistiken an, eine höhere, international übliche der Arbeitsuchenden und eine niedrigere der aus einem bisherigen Arbeitsverhältnis Ausgeschiedenen. Mündliche Befragungen werden nicht nur durch natürliche Erinnerungsfehler beeinträchtigt, sie werden um so unergiebiger, je näher die Befragung einem gerichtlichen Verhör mit ungünstigen Folgen für Geständnisse kommt.

Die besonderen Probleme der Preisgeschichte und der an älteren Quellenangaben viel ärmeren Lohn(oder „Arbeitspreis"-)geschichte beginnen schon damit, daß beide nur in dem Ausmaße voll möglich sind, in dem ein freier Markt mit Angebot und Nachfrage bestand. Die Einzelfragen der Preisreihenforschung behandeln *A. Jacobs,* Preis (I), Handwörterbuch der Sozialwissenschaften 8 (1964), und *H. van der Wee,* Prix et salaires. Introduction Méthodologique, Cahiers d'histoire des prix 1 (1956). Die scheinbar einfache Frage nach dem heutigen Geldwert von Währungen vergangener Jahrhunderte ist schon kaum mehr mit rein historischen Mitteln zu lösen. Abgesehen davon, daß auch der Wert der Münze als Zahlungsmittel oft unter ihrem Nennwert lag, wenn sie mit zu geringem Edelmetallgehalt ausgeprägt oder stark abgenutzt war, und der Verkehrswert des in Europa zuerst seit dem 17. Jahrhundert ausgegebenen Papiergeldes nochmals davon abweichen konnte, unterbrachen besonders seit dem 17. Jh. Inflationen die Währungskontinuität. So ist etwa die heutige Deutsche Mark durch mehrere Währungsreformen von einem Taler des 16. Jahrhunderts getrennt. Darüber hinaus wird die beiderseitige Kaufkraft durch tiefgreifende Veränderungen in der Zusammensetzung und Bewertung des sog. Warenkorbes, d. h. der Verbrauchsgüter eines durchschnittlichen Familienhaushalts, einem unmittelbaren Vergleich entzogen (s. weiteres unter C. VIII). Auch der Vergleich über den stark veränderten Edelmetallpreis oder den Preis bestimmter Einzelgüter ist nur bedingt verwendbar: Das sog. klassische Wertverhältnis Gold:Silber war 1435 in

Nord- und Südwesteuropa 11 bzw. 10:1, 1930 in der Welt 40:1, 1936/39 über 80:1, seit 1950 wieder etwa 40:1, 1971 knapp 30:1; eine Kuh des 16. Jahrhunderts war erheblich kleiner und leistungsschwächer als eine europäische Kuh der Gegenwart, und zudem schwankten bei großem Anteil der Eigenversorgung die regionalen und saisonalen Preise der Güter erheblich. Methodisch anregend dazu ist *A. Walther,* Geldwert in der Geschichte, VSWG 10 (1912). Zum Metallwert noch *A. Soetbeer,* Edelmetallproduktion und Wertverhältnis zwischen Gold und Silber seit der Entdeckung Amerikas bis zur Gegenwart (1879).

Genaue Feststellung der gleichzeitigen Lebenshaltungskosten ist eine Voraussetzung für sinnvolle Lohngeschichtsforschung, die noch in der Gegenwart häufig sozialpolitisch aktualisiert wird. Es gibt zu denken, daß auf einem so unermüdlich beackerten Themengebiet wie der materiell-sozialen Lage des britischen Fabrikarbeiters im 19. Jh. noch immer die zwei Gruppen der Optimisten und der Pessimisten (Labour) miteinander im Meinungsstreit liegen können.

Literatur:

Die Angaben zur Literatur müssen sich im wesentlichen auf die Wirtschafts- und Sozialgeschichte beschränken. Zu einzelnen Quellengruppen: Sehr umsichtig und meist für den ganzen deutschen Sprachbereich gültig. *A. Lhotsky,* Quellenkunde zur mittelalterl. Geschichte Österreichs (1963); zusammenfassend zur Wirtschaftsgeschichte: *A. Hoffmann,* Die Quellen zur Geschichte der Wirtschaft im Lande ob d. Enns, Mitt. d. Oberösterr. Landesarchivs 1 (1950), und für Polen W. *Kula,* Problemy i metody historii gospodarczej (1963/72, s. S. 15), Kapitel 3. *R. Buchner,* Die Rechtsquellen. Beiheft zu: Wattenbach-Levison, Deutschlands Geschichtsquellen im Mittelalter. Vorzeit und Karolinger (1953). *H. Ott,* Probleme und Stand der Urbarinterpretation, Zs. f. Agrargeschichte 18 (1970). *B. H. Slicher van Bath,* Accounts and Diaries of Farmers before 1800 as Sources for Agricultural History, AAG Bijdragen 8 (1962). *V. Vitale,* L'importanza delle fonte notarili genovesi per la storia del commercio, Bolletino Ligustico 1934. *A. Daumard – F. Furet,* Les Archives notariales et la Mécanographie, Annales 14 (1959). *B. Schwineköper,* Das „Gutsarchiv" als Archivtypus, in: Archivar u. Historiker, Festschrift H. O. Meisner (1956). *M. Mollat,* Sources de l'histoire maritime en Europa du moyen âge au XVIIIe. siècle, Actes du 4e. colloque international d'histoire maritime (Paris 1962).

Wertvolle Arbeitshilfen gibt ebenso *A. v. Brandt,* Werkzeug des Historikers (1958, ^{4}1966). Als Begriffslexikon ist nützlich: *E. Haberkern–J. F. Wallach,* Hilfswörterbuch für den Historiker. Mittelalter u. Neuzeit (^{2}1964).

Mit einem speziellen Archiv-Gesamtinventar auch zur älteren Wirtschafts- und Sozialgeschichte hat bisher nur die französische Archivverwaltung begonnen: *R. H. Bautier* und *J. Sornay,* Les sources de l'histoire économique et sociale du Moyen Age. Provence-Comtat Venaissin, Dauphiné, Etats de la Maison de Savoie. Vol. I. Archives des principautés territoriales et archives seigneuriales (Paris 1968), Bd. II: Kirchen-, Stadt-, Notariats- u. Bürgerarchive. Über 4/5 der Beständeübersicht entfallen auf Urkunden und Akten der größeren Fürstentümer, ein Schwergewicht liegt auf den Rechnungen. Spezialinventar für Finanzgeschichte ist: *J. Guérout,* Les sources de l'histoire des impositions directes de la Royauté aux Archives nationales (1969).

Für Deutschland gibt es wenigstens ein ausführliches Preußen-Inventar seit 1810: Zur Geschichte der Produktivkräfte und Produktionsverhältnisse in Preußen 1810–1933. Spezialinventar des Bestandes Preuß. Minsterium für Handel u. Gewerbe, bearb. von H. Buck (4 Bde.). I/1 u. 2, Weimar 1966/68 (enthält: Generalverwaltung/Departement für den Handel u. die Gewerbe 1807–1824, Generalia, Polizei des Gewerbebetriebes u. Korporation der Gewerbetreibenden), Bd. II, Weimar 1960 (Gewerbesachen 1850–1933), Bd. III, Weimar 1971 (Innere Landessteuern, Zölle, Handel im allg. 1807–1934), Bd. IV (Innerer u. Außenhandel, Börse, Eisenbahn, Technik der Gewerbe, Luftfahrt). Berg- und Hüttenwesen und Teile des Verkehrswesens sind ausgeschlossen. Für Österreich: Inventar des Archivs des k. k. Finanzministeriums (Wien 1911). Inventar des Wiener Hofkammerarchivs (Wien 1939). Den größten Katalog über firmengeschichtliches Material einer Archivsammlung legte 1932 die Harvard Graduate School of Business Administration in USA vor; die 3. Auflage von 1970 verzeichnete bereits 1300 Kollektionen.

Die sog. Quellenkunden behandeln meist vorwiegend gedruckte Quellen oder sind zu Bibliographien geworden, so auch *Dahlmann-Waitz,* Quellenkunde der deutschen Geschichte, 10., letzte Auflage hsg. v. H. Heimpel seit 1965 (Abschnitt 35 Gesellschaft, 37 Wirtschaft) oder *R. C. van Caenegem – F. L. Ganshof,* Kurze Quellenkunde des westeuropäischen Mittelalters (deutsch 1964).

Eine wichtige Umschau über Archive und (meist ältere) Archivalien von Einzelfirmen gibt *H. Kellenbenz,* Firmenarchive und ihre Bedeutung für die europäische Wirtschafts- und Sozialgeschichte, Zs. Tradition 14 (1969). R. Marquant, Les archives et les recherches modernes économiques et sociales, Archivum – Revue internat. des arch. 10 (1960). Die Geschichte der regionalen Wirtschaftsarchive im deutschen, niederländischen, dänischen Sprachraum behandelt *K. van Eyll,* Voraussetzungen und Entwicklungslinien von Wirtschaftsarchiven bis zum 2. Weltkrieg (1969), mit Kurzinventar des Rhein.-Westfälischen Wirtschaftsarchivs zu Köln 1906–1939. Ferner: *H. Richtering,* Firmen- und wirtschaftsgeschichtliche Quellen in Staatsarchiven, dargestellt am Beispiel Westfalens (1957). *L. Cassese,* Gli archivi e la Storia dell' economia degli stati italiani prima della unità (1800–1870), Rassegna degli Archivi di Stato 18 (1958).

Die Erschließung älterer ungedruckter Originalquellen erfordert zunächst außer Sprachkenntnissen – ältere Hansequellen bedingen Gebrauch eines mittelniederdeutschen Wörterbuchs – die Lesefähigkeit in der alten Handschrift, auch der deutschen („gotischen"). Texte des 15.–17. Jhs. stellen da oft hohe Anforderungen an die Geduld. *H. Jensen,* Die Schrift in Vergangenheit und Gegenwart (^{3}1969). *H. Sturm,* Einführung in die Schriftkunde (1955, 5.–20. Jh.). *Mehring,* Schriftproben aus Urbaren und Lagerbüchern des 14.–16. Jhs. im Württemberg. Hauptstaatsarchiv (^{3}1953, mit Auflösung). *G. Mentz,* Handschriften der Reformationszeit (1912). *K. Dülfer–H. E. Korn,* Schrifttafeln zur deutschen Paläographie des 16.–20. Jhs., 2 Teile (^{2}1967, mit Auflösung). Dem Wirtschaftshistoriker müssen dabei auch die Fachausdrücke der alten Kaufmannssprache geläufig sein, die häufig italienisch sind, die üblichen Abkürzungen für die

Geldsorten und nicht zuletzt die Systeme der „wissenschaftlichen" kaufmännischen Buchführung und des Wechselwesens.

Sobald Bilanzen – zunächst in größerem Zeitabstand – üblich werden, ergibt sich für die Erkenntnis ihrer eigentlichen wirtschaftlichen Aussage in steigendem Ausmaß die Notwendigkeit der Kenntnis des Bilanzenlesens, also einer technischen Fachkenntnis der Betriebswirtschaft.

A. Schirmer, Wörterbuch der deutschen Kaufmannssprache auf geschichtl. Grundlage (1911). *F. Edler (de Roover),* Glossary of Mediaeval Terms of Business 1200–1600. Italy. (1934). *R. de Roover,* L'évolution de la lettre de Change, XIVe.–XVIIIe-siècles (Paris 1953). *B. Penndorf,* Geschichte der Buchhaltung in Deutschland (1913, Ndr. 1966). *F. Melis,* Storia della Ragioneria (Bologna 1950). *B. S. Yamey–H. C. Edey–H. W. Thompson,* Accounting in England and Scotland 1543–1800 (London 1963). *N. A. H. Stacey* English Accountancy. A Study in Social and Economic History 1800–1954 (London 1954). *Kahn-Naphtali,* Wie liest man den Handelsteil einer Tageszeitung? (1920 u. ö., zuletzt hsg. v. d. Wirtschaftsredaktion der Frankfurter Zeitung 1971).

Zur Quellenkunde der Statistik:
F. Zahn, Statistik II: Die amtliche Statistik in den einzelnen Staaten, A. Deutschland, B. Ausland, in: Handwörterbuch der Staatswissenschaften Bd. 7 ([3]1911 u. [4]1926), mit Lit. *H. Westergaard – H. C. Nybølle,* Contributions to the History of Statistics (Lond. 1932, Ndr. 1968). *B. Gille,* Les sources statistiques de l'histoire de France. Des Enquêtes du 17e siècle à 1870 (Par. 1964). *E. Eichner,* Von der Statistique Générale de la France zum Institut National de la Statistique, 1833 bis 1948, Allgem. Statist. Archiv 33 (1949). *A. L. Bowley,* Development of Statistics in the United Kingdom, Revue de l'Institut Internat. de Statistique 14 (1946). *O. Behre,* Geschichte der Statistik in Brandenburg–Preußen bis . . 1805 (1905). *H. Grossmann,* Die Anfänge und die geschichtliche Entwicklung der amtlichen Statistik in Österreich, Statist. Monatsschrift NF 21 (1916). *M. V. Ptucha,* Očerki po istorii statistiki v SSSR (Skizzen zur Geschichte der Statistik in der UdSSR), Bd. 1, (Moskau 1955), 17./18. Jh. *J. Koren* (Hsg.), The History of Statistics. Their development and progress in many countries (1918).

F. Zahn, 50 années de l'Institut international de Statistique (1934).

IV. Besondere Grundwissenschaften

Als Grundwissenschaften werden hier Hilfswissenschaften verstanden, deren ausreichende Beherrschung zur Kritik der historischen Quellen unentbehrlich ist, die teils nicht selbst Wissenschaften mit eigener Methodik darstellen, teils selbständig, aber ganz historisch sind.

1. Unter *Archivalienquellenkunde* werden hier Schriftkunde (Paläographie), Urkundenlehre (Diplomatik) und Aktenlehre – beide als Archivalienlehre bezeichnet –, Archivkunde, Siegel- und Wappenkunde, Zeitrechnungslehre (Chronologie) zusammengefaßt. Die größte Bedeutung haben diese Wissenschaften und die mittellateinische Philologie für die

Auswertung mittelalterlicher Quellen, von denen allerdings ein verhältnismäßig großer Teil, je früher desto zahlreicher, auch gedruckt zugänglich ist. Die Mittelalterforschung wird heute teilweise als eigenes Fach „Mediävistik" behandelt. Die Zielsetzung deser Einführung erlaubt nur den Hinweis auf weiterführende Literatur. Für die neueren Jahrhunderte und die unerläßliche eigene Aufsuchung und Bearbeitung ungedruckter Quellen erleichtert die Archivkunde den Zugang durch Erhellung der Entstehung der Aktenbestände aus früheren Behördenregistraturen und Privatabgaben (Provenienz); Kenntnis der *Behördengeschichte* verhilft zur besseren Auffindung.

2. Die *Archäologie* oder Altertumskunde behandelt die alten Sachquellen in Gestalt von Bodenfunden und Denkmälern samt den Steininschriften. Mit den Teilfächern Alte Geschichte und Vor- und Frühgeschichte und Kunstgeschichte eng verbunden, ist sie seit dem Frühmittelalter mit seinen Grabfunden nur noch als Siedlungsarchäologie, d. h. Altfluranalyse einschließlich Luftbildaufnahme des Geländes, und als Bauarchäologie von größerer Bedeutung für Wirtschafts- und Sozialgeschichte. Sie untersucht Bau und Baumaterial nicht nur von kunsthistorisch wichtigen Denkmälern, sondern auch von einfachen Geländedenkmälern als sog. Überresten der materiellen Kultur wie Mühlen, Hämmer usw. Die Schiffsarchäologie befaßt sich mit Suche und Bergung von Wracks auch unter Wasser. In Großbritannien hat die „Industriearchäologie" in Erforschung früher Fabrikbauten viel Widerhall gefunden.

Manche Sachquellen der Archäologie können auch mit naturwissenschaftlichen Methoden eingeordnet werden. Aus Blütenstaubkörnern in alten Torfschichten vermag die Pollenanalyse besonders Getreidearten, Wildgras und Waldbäume auszusondern und ihre jeweiligen Anteile am Pflanzenwuchs verschiedener Zeitperioden zu schätzen. Das Alter von Holzresten läßt sich mittels der Radiokarbonmethode aus dem Zersetzungsstadium eines radioaktiven Kohlenstoffelements bestimmen. Die Baumringchronologie von Eichenholz erstellt jahrhundertelange Jahreslinien der feuchtigkeitsbedingten Dicke der Wachstumsringe und verknüpft deren Anfang rückwärtsgehend jeweils mit dem gleichgekrümmten Linienende älterer Baumquerschnitte (Balken). So glückt auch etwa die Altersbestimmung von frühen Schiffen.

3. Die *Münzkunde* (Numismatik) wird heute oft mit der *Geldgeschichte* erweitert. Sie behandelt dann nicht nur die ausgeprägten Edelmetall- und Kleinmünzen, ihre Prägung und ihren Metallwert, sondern auch Papiergeld, nur buchmäßiges Rechengeld (Giralgeld) von Banken und Gesamtgeldumlauf. Für die Wirtschaftsgeschichte sind nicht nur die Geprägebilder der Münzen wichtig, sondern auch ihr tatsächlicher Edelmetallgehalt und die Auflage der Prägungen und Fundort und Zusammensetzung von Münzschätzen. Jahreszahlen trugen Münzen erst seit Ende des 15. Jhs.,

doch können nach dem Gepräge (Herrscherbild) auch vorher oft gemischte Sachquellenfunde münzdatiert werden. Das erste europäische Papiergeld gab 1661 Schweden aus. Die quantitative Münzkunde wird auch als Metanumismatik bezeichnet.

4. Die *Maß- und Gewichtskunde* (Metrologie) sucht die noch größere historische Vielfalt der Längen- und Hohlmaße und Gewichte vor Einführung des metrischen Systems (seit 1795 Meter und Kilogramm in Frankreich) zu klären. Bei der Umrechnung von Hohlmaßen in Gewichte ist die Verschiedenheit des spezifischen Gewichts von Flüssigkeiten oder Körnerfrüchten zu bedenken. Zu den Sachquellen gehören auch öffentliche Mustermaße, die z. B. an Rathäusern eingemauert wurden. Die gleiche alte Maßbezeichnung kann besonders in verschiedenen deutschen Landschaften völlig verschiedene heutige Mengen bedeuten: Noch im 19. Jh. ist ein preußischer Scheffel (Getreide) rund viermal so groß wie ein bayerischer Scheffel. Die schrittweise Vereinheitlichung der Maße spiegelt die Bildung und die Integration größerer Wirtschaftsräume. Die Angabe der Handelsschiffsgrößen erfolgte seit dem 19. Jh. zwar allgemein in metrischen oder englischen Tonnen, meinte aber zunächst die Wasserverdrängung, dann verschiedene Begriffe von Tragfähigkeit, erst schließlich nach britischem Einheitsmaß den Rauminhalt in Bruttoregistertonnen (2,83 cbm) bzw. den reinen Frachtladeraum in Nettoregistertonnen.

Literatur:

Zu 1. Zur Archivkunde der Neuzeit im allgemeinen sind zu benützen: *H. O. Meisner,* Archivalienkunde vom 16. Jh. bis 1918 (1969) und insbesondere für die staatlichen Wirtschaftsbehörden Deutschlands *F. Facius,* Wirtschaft und Staat. Die Entwicklung der staatl. Wirtschaftsverwaltung in Deutschland vom 17. Jh. bis 1945 (1959). *E. Neuß,* Aktenkunde der Wirtschaft, 2 Bde. (1954/56: Kapitalist. Wirtschaft, sozialist. Wirtschaft).

Zu 2. *L. Génicot, A. d'Haenens* u. a., L'Archéologie du village médiéval (Löwen-Gent 1967). *J. P. M. Panell,* The Techniques of Industrial Archaeology (London 1966, in der Reihe: The Industrial Archaeology of the British Isles, hsg. v. E. R. R. Green). Industrial Archaeologists' Guide, seit 1970. *B. S. J. Wilkes,* Nautical Archaeology (London 1971). Zeitschriften: Mediaeval Archaeology, seit 1957. Industrial Archaeology (Jahrbuch seit 1963).

Zu 3. *A. Luschin v. Ebengreuth,* Allg. Münzkunde und Geldgeschichte des Mittelalters u. der neueren Zeit (^{2}1926, Ndr. 1971). *F. Friedensburg,* Münzkunde und Geldgeschichte der Einzelstaaten des Mittelalters und der neueren Zeit (1926). *A. Suhle,* Deutsche Münz- und Geldgeschichte von den Anfängen bis z. 15. Jahrhundert. (^{4}1970). *F. v. Schroetter,* Wörterbuch der Münzkunde (1930). *A. Frey,* Dictionary of Numismatic Names (New York 1947). *M. Bloch,* Esquisse d'une histoire monétaire de l'Europe (Paris 1954). *Ph. Grierson,* Coins and Medals, a Select Bibliography (London 1954). *W. Jesse,* Quellenbuch zur Münz- und Geldgeschichte des Mittelalters (1924). Zeitschrift: Jahrbuch für Numismatik und Geldgeschichte, seit 1949/50.

Zu 4. *H. J. v. Alberti,* Maß und Gewicht. Geschichtliche Darstellung von den Anfängen bis zur Gegenwart (1957). *F. Verdenhalven,* Alte Maße, Münzen und Gewichte aus dem deutschen Sprachgebiet (1968). *B. Kisch,* Scales and Weights. A. Historical Outline (New Haven [2]1966). *R. E. Zupko,* A Dictionary of English Weights and Mesures (Madison 1968). *P. Burguburu,* Essai d'une bibliographie métrologique universelle (1932).

V. Historische Teile von Nachbarwissenschaften

Enge Verbindung besteht mit den historischen bzw. unter Anwendung historischer Methoden erforschten Teilen von verschiedenartigen Nachbarwissenschaften. Dabei ist zu beachten, daß die traditionelle Fakultätszuordnung dieser Fächer in der Hochschulorganisation nicht immer der tatsächlichen Arbeitsrichtung dieser Fächer entspricht. Die Soziologie wird, obwohl in Deutschland die empirische Soziologie (Soziographie) im Vordergrund steht, nicht hier, sondern im Teil C behandelt. Nicht eigens herausgestellt sind zusammengesetzte angewandte Wissenschaften wie Politikwissenschaft, Arbeitswissenschaft (Ergologie) und Militär- oder Wehrwissenschaft, die mehrere der folgenden Hauptwissenschaften mit Wirtschaftslehre und Soziologie im Blick auf ein großes Sonderthema vereinigen.

1. Die *Geographie* teilt sich als Wissenschaft vom Raum in Natur- und Kulturgeographie, wobei letztere alle Veränderungen durch den Menschen betrifft. Aus der Naturgeographie sind besonders Boden und Bodenschätze, Pflanzen- und Tierwelt von jeher als Grundlagen historischer Entwicklung gewürdigt worden und hat die Klimageschichte neuerdings erhöhte Aufmerksamkeit mit Rücksicht auf Ernten, Bautätigkeit, Wasserkraft und Seeverkehr gefunden. Die Kulturgeographie versteht menschliche Gesellschaften und Einzelkulturen aus dem Ineinandergreifen wichtiger Daseinsfunktionen und deren räumlichen Erscheinungsformen, auch in den Sondergebieten Bevölkerungsgeographie, Siedlungsgeographie, Wirtschafts- und Sozialgeographie usw. Sie wendet außer geometrischen Hilfsmitteln neuerdings auch Methoden der Geostatistik an. Gleichberechtigt neben der Allgemeinen Geographie steht die Länderkunde (Landeskunde); nahe stehen ihr die auf die Landesplanung ausgerichtete Raumforschung sowie die fachübergreifende Stadtwissenschaft, die *Urbanistik.* Die historischen Zweige sind die mit der Siedlungsarchäologie zusammenfließende Siedlungs- und Kulturlandschaftsgeschichte, die historische Geographie und historische Landeskunde, die historische Raumforschung. Da auch sie empirisch nach Strukturen fragen, verwischen sich die Fachgrenzen zur Länder- und Landesgeschichte. Für die Geschichte der Stadt-Land-Beziehungen und der Zentralität ist etwa

W. Christallers funktionale Theorie des Systems der zentralen Orte zur wichtigen Anregung geworden.

2. Die *Bevölkerungswissenschaft* ist zu einem Teil beschreibend (Demographie) angelegt. Sie versucht gleichzeitig als „biologische Geschichte" theoretisch anthropologische Gesetzmäßigkeiten des generativen Verhaltens, von Krankheit und Tod zu erfassen; wirtschaftshistorisch wird besonders die durchschnittliche Lebenserwartung als Maßstab des Fortschritts betrachtet. Da der Bevölkerungswissenschaft aber trotz biometrischer Methoden der Gesetzlichkeitsnachweis nur für versicherungsmathematische Zwecke zureichend gelingt und da sie vor allem auf Einzelforschung in personengeschichtlichen Quellen angewiesen ist, soll sie mit besserem Recht hier als unter den theoretischen Sozialwissenschaften behandelt werden. Die Bevölkerungsgeschichte wandte sich in Westeuropa um 1950 von der Auswertung der ungegliederten Volkszählungen ab und der Feinstruktur der Einzelpfarreien zu; sie befaßt sich mit Fruchtbarkeit, Geburtlichkeit und Sterblichkeit, Heiratsstatistik, Altersaufbau und Wanderungsbewegungen. Ihr zugeordnet ist die Genealogie als Erforschung der Familienstruktur an Einzelbeispielen. Die neuerdings betonte Prosopographie, d. h. historische Personennamenkunde, faßt außer Familien- auch Interessengruppen kurzbiographisch zusammen.

3. Die *Rechts- und Staatswissenschaften* sind im Unterschied zur Geschichte normsetzende und deshalb stärker systematisierende Wissenschaften. Zu ihnen zählt auch großenteils die Politische Wissenschaft, mit der aber die Sozialgeschichte das Interesse am Abstimmungsverhalten früherer Parlamente und an dessen Hintergründen teilt. Unabhängig davon bestehen nachbarliche Verbindungen zu den juristischen Hauptfächern. Auch nach Zurücktreten der „historischen Schule" in ihnen bleibt die Bezugnahme auf fortgeltende ältere Verfassungen; die Geltung der Magna Charta von 1215 ist für Großbritannien niemals aufgehoben worden, und die USA haben die Verfassung von 1787 lediglich durch Amendments ergänzt. Ebenso ist das Zurückgreifen der Rechtssprechung bei der Gesetzesauslegung auf ältere höchstrichterliche Entscheidungen eine geschichtliche Bindung der Rechtswissenschaft. In Frankreich hat sich als akademisches juristisches Nebenfach die Histoire des Institutions et des Faits sociaux entwickelt. Der Zusammenhang mit der Rechts- und (politischen) Verfassungsgeschichte lockert sich, wo ein kräftiges Bewußtsein nationalstaatlicher Tradition fehlt. Die Rechtsgeschichte ist jedoch überall für die Wirtschafts- und Sozialgeschichte der vorindustriellen Zeit eine unentbehrliche Ergänzung, und die Agrargeschichte dieser Epochen ist ohne Agrarverfassungsgeschichte nicht verständlich.

4. *Technik, Naturwissenschaften und Medizin,* sind durchaus zukunftsorientierte Wissenschaften, die ihrer Geschichte mehr Liebhaber- und Mu-

seumswert zumessen. Vor allem die Technikgeschichte, im engeren Sinne Ingenieur-Hilfswissenschaft, ist aber für die Wirtschafts- und Sozialgeschichte von größerer Bedeutung. Die Wiener Weltausstellung 1873 zeigte schon eine Geschichte der Erfindungen, die heutige Technikgeschichtsforschung aber fügt der Erfindungsgeschichte ihrerseits die Verbreitungsgeschichte der Technik hinzu, beachtet aber auch ganz einfache produktivitätssteigernde gewerbliche und landwirtschaftliche Geräte- und Anlagenverbesserungen. Der in den Ostblockländern übliche, schon oben bei der Archäologie erwähnte Begriff der Geschichte der materiellen Kultur meint Geschichte der Mittel und Methoden von Produktion und Verbrauch, also der angewandten Technik und leiblichen Lebensführung. Als Naturforscher steht der Biologe im Austausch nicht allein. Die Sozialmedizingeschichte (Seuchenforschung!) dient der Bevölkerungsgeschichte.

5. *Volkskunde und Völkerkunde* (Ethnologie) untersuchen Lebensformen und Vorstellungswelt europäischer und außereuropäischer Völker. Auch hier hat sich ein Zweig der Historischen Völkerkunde mit gewisser Vorliebe für die agrarische Welt, jedenfalls für die Grundschichten, entwickelt. Mit der Völkerkunde fließt die Kultur- und Sozialanthropologie (Sozioethnologie) und ihr historisches Interesse (Ethnohistory) mehr oder weniger zusammen. Sitte und Brauch, deren Einhaltung nicht wie das Recht durch die öffentliche Strafgewalt garantiert werden, bestehen dank anderer sozialer Zwänge; die Einengung des Begriffes Sittengeschichte auf den Sexualitätsbereich ist nicht in der Sache begründet.

6. Die *Sprachwissenschaft* kann durch die Orts- und Flurnamenforschung Hinweise auf historischen Agrar-, Bergbau-, Gewerbebetrieb geben. Sie zeigt aber auch gewisse Sozialschichtungen im Sprachgebrauch. *Literaturwissenschaft* und *Kunstwissenschaft* tragen mit ihren lange Zeit ganz im Vordergrund stehenden geschichtlichen Teilen – teils in Berührung mit der Psychologie – zur Kenntnis des Denkens und des Bewußtseins der Vergangenheit bei. Der etwas weitere Begriff der *Geistesgeschichte* schließt außer der schönen auch die wissenschaftliche, religiöse und politische Literatur mit ein. Andererseits haben Literaturwerke auch ihren wirtschaftlichen Markt und Architektur und Kunstgewerbe ihre Wirtschaftsverflechtungen. Die Architekturgeschichte erweiterte sich zur Städtebaugeschichte.

Der durch Burckhardt zu Ehren gebrachte, zeitweise stark herausgestellte Begriff der *Kulturgeschichte* (civilisation) wird, auch wo er inhaltlich vorwiegend Geistesgeschichte meint und der Kultursoziologie nahesteht, in Deutschland nur noch mit gewissen Vorbehalten gebraucht.

7. Die *Psychologie,* deren biologisch-medizinische Seite hier nicht näher zu erörtern ist, hat als Individual-, insbesondere aber als Sozialpsychologie ihre historischen Interessen entdeckt. Letztere untersucht nicht nur

die Kleingruppe (Familie), sondern auch die Großgruppe, ihr Bewußtsein, ihr Verhalten und ihre Dynamik, im Rahmen der Publizistik auch ihre politische Meinungs- und Willensbildung. Auch innerhalb der *Anthropologie* sind es die Erlebens- und Verhaltensweisen, die psychologisch in Ergänzung der eigenen Lebenserfahrung besonders interessieren. Mit der Heranziehung der Psychoanalyse, der Tiefenpsychologie des sog. Unbewußten, werden selbst Erkenntnis-Grenzgebiete der Medizin erschlossen. Von dieser her erwuchs sogar der Ansatz einer historischen Psychologie im eigentlichen Sinn (*Van den Berg*). Bewußtseins- und Religionsgeschichte stehen sich nahe. Namentlich die französische Annales-Schule begann unter Anregung des Soziologen *Halbwachs* die „histoire de mentalité" einschließlich der Erscheinungen des Massenwahns, also der Sozialpathologie, zu pflegen. Die deutsche Kulturpsychologie (Völkerpsychologie *W. Wundts*) war wesentlich historisch angelegt.

Die geistesgeschichtliche Richtung versteht die Psychologie als Erforschung von ganz geistigen Voraussetzungen und Motiven. Die materialistisch-positivistische Richtung faßt die Kollektivpsychologie als Kunde von den Auswirkungen wirtschaftlich-sozialer Verhältnisse (des „Unterbaus") auf das Bewußtsein, das infolgedessen als falsches, weil veraltetes in Entwicklungsverzug geraten oder als mögliches Bewußtsein einer historischen Gruppe nur jeweils am relativ richtigsten sein kann. Eine dialektische Psychologie ergänzt dazu neuerdings ein kollektives historisches Unbewußtes und nimmt die Wandlungsmöglichkeit in der unbewußten Selbststeuerung des Menschen an; sie begreift so Sozialgeschichte als Metapsychologie.

Auch zu den Quellen der Psychologie gehören für die sog. Werkanalyse Briefe (samt graphologischer Analyse), Tagebücher, Kunstwerke, ja Kleidung (Mode!) und Gestaltung der Privatsphäre. Für die Verbreitung von Unruhen und Glaubensvorstellungen ist die Anwendung seuchengeschichtlicher Modelle versucht worden.

8. Die christliche und islamische *Theologie* hat zu dem hier behandelten Fach das Bindeglied der Kirchengeschichte. Die Vergangenheit der kirchlichen Wirtschaftstätigkeit gehört aber im Grunde ganz der Wirtschaftsgeschichte, die der Kirchen und ihrer Geistlichkeit sowie der Sektengruppen der Sozial-, Rechts- und Verfassungsgeschichte an. Unter Quellenkritik wird dabei auch die Heiligenlegende verwertet. Die Erforschung der irdischen Gemeinschaft der Gläubigen als gemischtes, auch jenseitig geführtes Gottesreich grenzt sich schon gegen rein weltliche Geistesgeschichte ab. Die theologische Lehrgeschichte (Dogmengeschichte) befaßt sich teils unter der Glaubensvoraussetzung mit der offenbarten göttlichen Heilslehre, teils ungebundener mit den geschichtlich wandelbaren Soziallehren, die als sittliche und oft naturrechtsbezogene Normen stark, wenn auch schließlich abnehmend, auf den wirtschafts- und sozial-

geschichtlichen Ablauf gewirkt haben (päpstliche Sozialenzykliken seit 1891!). Auch die Minderheiten-Sozialgeschichte der israelitischen Kultusgemeinden ist von ihrer religiösen Geschichte nicht zu trennen.

Die vielfache Verknüpfung der historischen Teile von Nachbarwissenschaften mit Geschichte, Wirtschafts- und Sozialwissenschaften sowie auch untereinander fällt sofort ins Auge und geht nicht selten soweit, daß fast gleiche Forschungsthemen von verschiedenen dieser Fachwissenschaften untersucht werden, z. B. Probleme der Stadtgeschichte von Historikern, Geographen und Soziologen. Die Arbeitsteilung durch Spezialisierung ist daher in unserem Zusammenhang nur noch sinnvoll, wenn sie wieder in eine Arbeitsvereinigung einmündet.

Literatur:

Zu 1. Die wichtigsten Hinweise gibt das Geographische Taschenbuch (seit 1949). *H. Hassinger,* Geographische Grundlagen der Geschichte ([2]1953). *H. Jäger,* Historische Geographie (1969). Progress in Historical Geography, hsg. v. *A. R. H. Baker* (Newton Abbot, Devon 1972). *E. Callot,* L'histoire et la géographie au point de vue sociologique (Paris 1957). *E. Le Roy-Ladurie,* Histoire du climat depuis l'an mil (Paris 1967). *K. H. Schröder–G. Schwarz,* Die ländlichen Siedlungsformen in Mitteleuropa. Grundzüge u. Probleme ihrer Entwicklung (1969). Zeitschrift: Archaeologia Geographica, seit 1950.

Zu 2. *G. Mackenroth,* Bevölkerungslehre. Theorie, Soziologie und Statistik der Bevölkerung (1953). Knapp *C. Cipolla,* The Economic History of World Population (Penguin-Book, [5]1970, frz. 1965). Vom biolog. Standpunkt: *G. Kurth,* Die Bevölkerungsgeschichte des Menschen, Handbuch der Biologie 9 (1965). *C. D. Darlington,* Evolution of Man and Society (London 1969, dt. 1971 mit Untertitel: Eine Kulturgeschichte!). Histoire biologique et Société, No. spécial der Zs. Annales 24 (1969). Ausführliche Einführung in die historische Demographie ist: *M. Reinhard, A. Armengaud, J. Dupâquier,* Histoire générale de la population mondiale (Paris [2]1968). *T. H. Hollingsworth,* Historical Demography (London 1969).

Datenwerk: *E. Kirsten, E. W. Buchholz, W. Köllmann,* Raum und Bevölkerung in der Weltgeschichte (Bevölkerungs-Ploetz), 4 Bde. ([3]1965).

Zeitschriften: Annales de Démographie historique, seit 1964. Historická Demografie, seit 1967 (Prag).

Zu 3. *W. Seagle,* A World History of Law ([3]1967, deutsch 1969). Handbuch der Quellen und Literatur der neueren europäischen Privatrechtsgeschichte, hsg. v. *H. Coing,* 3 Bde. (seit 1972). *F. Wieacker,* Privatrechtsgeschichte der Neuzeit ([2]1967). *H. Planitz–Th. Buyken,* Bibliographie zur deutschen Rechtsgeschichte, 2 Bde. (1952). Sehr weitgehend auch für den Sozial- und Wirtschaftshistoriker grundlegend ist *W. Stammler, A. Erler, E. Kaufmann,* Handwörterbuch zur deutschen Rechtsgeschichte (1964 ff.). – *L. Goldschmidt,* Universalgeschichte des Handelsrechts ([2]1891).

Über historische Gesetzesauslegung bes. *F. Wieacker,* Notizen zur rechtshistorischen Hermeneutik (1963). Abwehr der sozialgeschichtlichen Kritik: *K. S. Bader,* Das Wertproblem in der Rechtsgeschichte. Zum Standort einer historischen

Disziplin in den modernen Geisteswissenschaften, in: Speculum historiale (Festschrift J. Spörl, 1965).

Zu Sachquellen und Bildern: *K. v. Amira–C. v. Schwerin,* Einführung in die Rechtsarchäologie, 2 Bde. (1942/43).

Zu 4. *C. Singer, E. J. Holmyard, A. R. Hall,* A History of Technology, 5 Bde. (Oxford 1953–1962). Histoire générale des Techniques, hsg. v. *M. Daumas,* 4 Bde. (1962 ff.). *A. P. Usher,* A History of Mechanical Inventions (Cambridge/M. [2]1954). *F. Klemm,* Technik. Eine Geschichte ihrer Probleme (1954, ital. 1959). – *E. G. Hansen–W. Wendt,* Geschichte der Lebensmittelwissenschaft, in: Handbuch der Lebensmittelchemie I ([2]1965).

Zeitschriften: Technikgeschichte, seit 1909/65. Technology and Culture, seit 1960. Kwartalnik Historii Kultury Materialnej (Vierteljahrschrift f. Gesch. der mater. Kultur), seit 1953, poln. – *K. R. Rider,* History of Science and Technology. A select bibliography (Lond. [2]1970, nur engl.).

Zu 5. *R. Lowie,* History of Ethnological Theory (New York 1937). Handbuch der Kulturgeschichte, neu hsg. v. E. Thurnher, 2. Abt.: Kulturen der Völker (seit 1961), 1. Abt.: Zeitalter deutscher Kultur (seit 1960). *D. W. H. Schwarz,* Sachgüter und Lebensformen. Einführung in die materielle Kulturgeschichte des Mittelalters und der Neuzeit (1970, germanist.). *G. Dalton,* Economic Theory and Primitive Society, American Anthropologist 63 (1961).

Zu 6. *A. Hauser, The Social History of Art, 2 Bde.* (London 1951), deutsch: Sozialgeschichte der Kunst u. Literatur (1953); vgl. dazu *H. Kuhn* in VSWG 43 (1956). *L. L. Schücking,* Soziologie der literarischen Geschmacksbildung (1961). *H. N. Fügen,* Die Hauptrichtungen der Literatursoziologie u. ihre Methoden (1964). Sociology through Literature. An Introductory Reader, hsg. v. *L. A. Coser* (Stonybrook N. Y. 1963, ab Diderot).

Zu 7. *G. W. Allport,* The Historical Background of Social Psychology. Handbook of Social Psychology I (Reading/Mass. 1954). *P. R. Hofstätter,* Einführung in die Sozialpsychologie ([2]1959, 1. Teil: Gesch. Entwicklung). Geschichte u. Psychoanalyse, hsg. v. *H. U. Wehler* (1971). *J. H. Van den Berg,* Metabletica. Grundzüge einer historischen Psychologie (1960).

Zu 8. Lexikon für Theologie und Kirche, 10 Bde. ([2]1957–1965, kath.). Die Religion in Geschichte und Gegenwart, 6 Bde. ([3]1957–1962, ev.). The Encyclopaedia of Islam, 5 Bde. ([2]Leiden seit 1954).

VI. Geschichte der ökonomischen und sozialen Lehrmeinungen

Die Geschichte der volkswirtschaftlichen theoretischen Analyse und der wirtschaftspolitischen Lehrmeinungen (ökonomische Dogmengeschichte) wurde früher als Teil der engeren Volkswirtschaftslehre angesehen. In jüngster Zeit stellt sich gleichzeitig mit dem Schwund historischen Interesses im allgemeinen die Erkenntnis ein, daß Wirtschafts- und Sozialtheorien einer vergangenen Zeit ohne Bezug zu ihrer zeitgenössischen Tatsachenwelt nicht zureichend verstanden werden können und daß auch ihre Wissenschaftsgeschichte und Deutung daher immer mehr zu einer

Angelegenheit der Geschichtswissenschaft wird. Sie ist bei aller strukturhistorischen Grundhaltung aber inhaltlich auch nicht ohne bleibenden Bezug auf die gegenwärtige wirtschafts- und sozialwissenschaftliche Theorie möglich und sie ist nur als geistesgeschichtliche Gratwanderung sinnvoll.

Das Mittelalter entwickelte noch keine von theologisch-moralischer Betrachtung trennbare Wirtschaftslehre. Den ersten Ansatz kann man in einer Schrift über Geld- und Münzwesen des Franzosen *Oresme* († 1382) erblicken, in Deutschland in den Denkschriften des Augsburger Stadtsyndikus *K. Peutinger* zur Abwehr der Monopolklagen des Reichstags gegen die großen Handelshäuser (1523/30). Als frühe Wegbereiter der Soziologie sind der arabisch-spanische Historiker *Ibn Chaldun* um 1400 und der Florentiner Politiker *N. Machiavelli* um 1500 bezeichnet worden. Auch der frühe Merkantilismus beschränkte sich auf die Behandlung von wirtschaftlichen Einzelproblemen, so der Engländer *Th. Mun* auf die Handels- und Zahlungsbilanz, *Colbert,* der große Wirtschaftsminister Ludwigs XIV. von Frankreich, auf die Zölle.

Die wissenschaftliche Volkswirtschaftslehre begann also mit der deutschen Spielart des Merkantilismus, dem Kameralismus, im späteren 17. Jh. (*J. J. Becher,* im 18. Jh. dann vor allem *J. G. Justi*) oder nach anderer Auffassung mit dem irischen Merkantilisten *R. Cantillon* oder mit der französischen Physiokratie im späteren 18. Jh. *(Quesnay, Turgot).* Besondere Lehrstühle entstanden zuerst in Brandenburg-Preußen (1727 für „Kameralien und Technologie" in Halle) und Neapel (1754 für „Mechanik und Kommerz", *A. Genovesi*). Der Merkantilismus-Kameralismus war ein bedeutender Fortschritt gegenüber dem staatswirtschaftlichen Fiskalismus, aber allenfalls ein wirtschaftspolitisches System mit stark empirischer Ausrichtung. Die Physiokratie, die sich gegen die staatliche Wirtschaftslenkung des Merkantilismus und gegen seine westeuropäische Bevorzugung von Handel und Gewerbe vor der Landwirtschaft wandte, schuf mit Quesnays Tableau économique das erste geschlossene theoretische System mit Kreislaufschema. Sie ordnete die Wirtschaftswissenschaft als dem Naturgesetz unterworfen den Naturwissenschaften zu. Zum Begründer der voll liberalen „klassischen Nationalökonomie" wurde dann in Großbritannien der schottische Professor der Moralphilosophie *Adam Smith* mit seinem Epochenwerk „An inquiry into the nature and causes of the wealth of nations" (1776). Es stellte der merkantilistischen „Willenslehre" *(A. Fanfani)* die Lehre vom „Gehenlassen" *(Laissez-faire)* gegenüber. Voll treffender Beobachtungen über die vorindustrielle arbeitsteilige Wirtschaft seiner Zeit, hatte Smith' System doch wenig Beziehung zur Geschichte (wiewohl es als Anhang eine Abhandlung über die Veränderung im Silberwert während der letzten vier Jahrhunderte brachte und damit die preisgeschichtliche Forschung einleitet). Das galt auch von den späteren Theoretikern der liberalen Klassik wie *D. Ricardo* und dem Franzosen *J. B. Say*; man sprach daher dann auch von „abstrakter Schule".

Der Physiokrat *Turgot* und der Frühsozialist Graf *Saint-Simon* gelten als Väter einer soziologischen Wissenschaft; auf *F. Engels* wird die marxistische Soziologie zurückgeführt. Eine klassische, naturwissenschaftlich angelegte „positivistische" Soziologie entstand durch *A. Comte* in Frankreich und *H. Spencer* in England; der letztere entnahm sein herangezogenes Belegmaterial nur der Völkerkunde. Auf historische Erfahrung berief sich immerhin die biologische Bevölkerungstheorie von *Malthus*.

Halbmerkantilistischer Widerstand gegen die Klassik und ihre naturwissenschaftlich-beweisableitende Methode ging in Deutschland von der romantisch beeinflußten „Nationalen Ökonomie" *F. Lists* aus. Hier war es auch, daß unter der Einwirkung der historischen Rechtsschule (*Eichhorn, Savigny*) eine sog. Historische Schule der Nationalökonomie entstand und mit *W. Roscher* (Grundriß zu Vorlesungen über die Staatswirtschaft nach geschichtlicher Methode, 1843), *B. Hildebrand* und *K. Knies* hervortrat, begleitet von der historischen „Gesellschaftslehre" *L. Steins*. Die Historische Schule geriet in Deutschland selbst alsbald auch in Gegensatz zur deterministischen „sozialistischen" Theorie von *Marx* und deren Kreislaufschema. Meyers Großes Konversations-Lexikon, 6. Aufl., enthielt 1908 unter dem Stichwort „Wirtschaftstheorie" nur den Hinweis „siehe Sozialismus"! Die historische Richtung erlebte einen weiteren Aufschwung in der von *G. Schmoller* (†1917) angeführten „jüngeren Historischen Schule" oder „Historisch-ethischen Schule", die stärker die Statistik heranzog, aber in unmittelbare Übergänge zur Geschichtswissenschaft und Sozialreform eintrat. Ihr gehörten *K. Bücher, L. Brentano, W. Sombart*, als Finanzwissenschaftler *G. Schanz* an; *Max Weber* setzte sie in historisch-soziologischer Ausrichtung fort. Schmoller selbst las in Berlin seit 1882 die praktische Nationalökonomie (Wirtschaftspolitik) nur als preußisch-deutsche Wirtschaftsgeschichte des 17.–19. Jhs.! Die Schwäche der Historischen Schule lag in ihrer wirtschaftstheoretischen Unsicherheit, wiewohl sie sich eine sog. anschauliche Theorie zuschrieb. Sie vermochte im ganzen die aufgehäuften wirtschaftshistorischen Stoffmassen nicht mehr recht zu durchdringen. Seit 1883 focht die von *K. Menger* begründete liberale „Wiener Grenznutzenschule", die mit einer neuen Theorie des Güterwertes die Klassik ablöste, mit ihr einen berühmten Methodenstreit aus. Menger bezeichnete die Volkswirtschaftslehre wieder als eine theoretische und zwar exakte Wissenschaft; er lehnte die Auffassung, daß wirtschaftliche Erscheinungen nur in engem Zusammenhang mit der sozialen und staatlichen Entwicklung zu behandeln seien, mit der Begründung ab, daß jede einzelne exakte Wissenschaft nur eine besondere Seite der Gesetzmäßigkeit der realen Welt erkennen lasse. Weitere einflußreiche Schulen waren außerdem: Die Lausanner Schule, mit der in den 1870er Jahren eine mathematische Wirtschaftswissenschaft eigentlich begann; ihre Hauptvertreter waren: *L. Walras* und die italienische Schule von *V. Pareto*, dessen mathematisch-soziologische Theorie auch die nichtrationalen Handlungen einzubeziehen suchte. Weiter die Grenznutzen und Psychologie nähertretende englische Neoklassik *A. Marshalls* und die mathematisch-verlaufstheoretisch vorgehende Schwedische Schule in Anknüpfung an *K. Wicksell*. Eine phänomenologische „universalistische" Richtung *(O. Spann)* blieb zeitgebunden.

Bleibt die Entwicklung der Wirtschaftslehre in ihren Zweigen einigermaßen klar gegliedert, so ist dies bei der Soziallehre weniger der Fall. Außer der Soziologie als Gesellschaftslehre werden vor allem Sozialphilosophie, kirchliche Soziallehre und Lehre von der Sozialpolitik herausgestellt. Die letztere ging erst, als *J. Benthams* Ideal des „größten Glücks der großen Zahl" innerhalb der liberalen klassischen Nationalökonomie langsam vordrang, aus der Volkswirtschaftslehre und insbesondere der Verteilungs- und Einkommenstheorie hervor. Die liberale Soziallehre betonte den Gedanken der Selbsthilfe und allenfalls der Staatsförderung genossenschaftlicher Selbsthilfe. Konservative Richtungen suchten an alte Stände-Solidaritätsideen ein berufsständisches Ordnungsleitbild anzuknüpfen. In der neumerkantilistischen Periode wurde dann das unmittelbare Eingreifen des Staates im Interesse des Gemeinwohls und des „sozialen Rechts" der schwächeren Gruppen am Markt unterstrichen und die Theorie der Sozialpolitik auch auf Sozialreformpläne ausgedehnt; die von Schmoller und anderen angeblichen „Kathedersozialisten" gegründete führende deutsche wirtschaftswissenschaftliche Vereinigung nannte sich 1872 „Verein für Socialpolitik" (heute Gesellschaft für Wirtschafts- und Sozialwissenschaften). Der Sozialismus hob, wo er mit Marx die völlige Änderung des Wirtschafts- und Gesellschaftssystems forderte, die Ausgliederung einer besonderen Soziallehre aus der Wirtschaftslehre wieder auf.

Den bedeutendsten Einschnitt in der wirtschaftswissenschaftlichen Dogmengeschichte seit Smith führte der Brite *J. M. Keynes* mit seinem Hauptwerk „The General Theory of Employment, Interest, and Money" (1936) herbei, das im Sinne eines Reformliberalismus wieder lenkende Eingriffe, nun gegensteuernde staatliche Ausgabenänderung zur Krisenbannung befürwortete. Keynes' „Makroökonomik", zugleich Sozialökonomik und Finanzwissenschaft, wandte sich der quantifizierenden Betrachtung gesamtwirtschaftlicher Vorgänge zu und entwickelte nicht nur ein neues Kreislaufmodell, sondern auch – zusammen mit der Schwedischen Schule – die moderne volkswirtschaftliche Gesamtrechnung. Den vergleichsweise stärksten historischen Zugang hatte in neuerer Zeit die Theorie des Österreichers *J. A. Schumpeter* mit ihrer starken Betonung der Konjunktur-, Entwicklungs- und Wachstumstheorie. Er begann mit einem

Buch über die Theorie der wirtschaftlichen Entwicklung und hinterließ 1950 ein Monumentalwerk „History of Economic Analysis"; auf seine Bedeutung für die Wirtschaftsgeschichte ist unter D.XIII noch weiter einzugehen.

Die Schwerpunkte der nicht marxistisch-dialektisch gebundenen Volkswirtschaftslehre haben sich trotz mancher Rückwendungen zur Empirie weit von der Überlieferung des Historismus entfernt. Die stärkste heutige Hauptrichtung ist der Positivismus oder analytische Rationalismus, der das hermeneutische Denken abdrängt. Die herrschenden großen Schulgruppen der Gegenwart sind „Neoklassiker" mit grundsätzlichem Vertrauen auf die selbstheilende Wirksamkeit der Marktmechanismen und (Post-) „Keynesianer". Für beide bedeutete die von Wicksell, Frisch, dann Tinbergen angeregte Ökonometrie, „die mathematische Wirtschaftstheorie, die mit gemessenen Größen arbeitet", eine vermehrte Hinwendung zur Statistik und damit zur (geschichtlichen) Wirklichkeit. In der sowjetrussischen sozialistischen Volkswirtschaftslehre behielt die Wirtschaftsgeschichte bis zum 2. Weltkrieg einen auffallend großen Anteil. Bucharins mechanistischer Materialismus, der die dialektischen Sprünge und ihre politische Verstärkung durch einen zu fortschrittlichem Gleichgewicht führenden Selbstlauf ersetzen wollte, wurde zurückgedrängt. Der Begriff der sozialistischen Planwirtschaftstheorie ist jung. Nachstalinistische Entwicklungen suchten auch nach den Möglichkeiten marktwirtschaftlicher Elemente im sozialistischen Gesamtsystem (u. a. O. Lange in Polen).

Die Betriebswirtschaftslehre und die Mikroökonomie, als Gegenbegriff zu Keynes' Makroökonomik die Lehre vom Zusammenwirken der einzelwirtschaftlichen Erscheinungen, kennen vor allem angewandte Teiltheorien (Preistheorie, Kosten-, Markttheorie, Standort- oder Allokationstheorie, Theorie der Unternehmerentscheidung).

Auch in der Gesellschaftswissenschaft unterscheidet man Makro- und Mikrosoziologie. Die „reine" (nicht angewandte und dadurch fachlich aufgeteilte) Soziologie hat sich seit etwa der letzten Jahrhundertwende in einem ganz geisteswissenschaftlichen Sinne besonders im deutschen Sprachraum entwickelt. *M. Webers* Forderung der Wertfreiheit in den Sozialwissenschaften löste 1909 den sog. jüngeren Methodenstreit oder Werturteilsstreit mit *Schmoller* und seinem Kreis aus. In Frankreich setzte sich der positivistische „Soziologismus" in der einflußreichen Schule *E. Durkheims* fort, die aus der bisher „falschen Wissenschaft" Geschichte eine „echte" machen wollte. Die Soziologie ist aber als Grundlagenforschung seit 1930 mit ihren Bemühungen um eine Theorie der sozialen Systeme nur noch wenig vorangekommen, vorzugsweise durch die amerikanische „funktionalistische" Forschung. Die historische Perspektive betonte darin am stärksten und unter Erörterung des Problems der „sozialen Zeit" *R. K. Merton*; die nachhaltigste Wirkung gewann *T. Parsons*, der von den sozialen Verhaltensnormen ausging und die Schranken zu Kulturanthropologie und Psychologie aufhob. Stärker als die meist mit rationalem Handeln befaßte Wirtschaftswissenschaft muß die strukturell-funktionelle, d. h. Beobachtung und Theorie vereinigende Soziologie das Bestehen irrationaler, also unberechenbarer Verhaltensweisen anerkennen, namentlich auch bei Bemühungen um eine dynamische Theorie des (säkularen) sozialen Wandels, der Akkulturation und Modernisierung. Die „Soziometrie" hilft darüber nur scheinbar hinweg; eine moderne mathematische Methodologie griff in der Soziologie erst seit 1945 Platz.

Gegenwartsschulen lassen sich in der systematischen Soziologie schwerer herausstellen als in der Volkswirtschaftslehre; häufig wird noch eine nationale Gliederung bevorzugt oder werden philosophische Hauptrichtungen zugrundegelegt. Als große Gruppen stehen sich vor allem die Positivisten oder Analytiker und die neuhegelianisch-marxistischen Dialektiker (Schule *G. Lukács', Habermas*) gegenüber.

Von der Geschichte der Lehrmeinungen als einem internationalen wissenschaftsgeschichtlichen Höhenweg ist die Geschichte ihrer Rezeption und Verbreitung, aber auch der manchmal jahrzehntelangen Verzögerung ihrer vollen Wirkung zu unterscheiden, die Zeitströmungsgeschichte des wirtschaftlichen und sozialen Denkens insbesondere in den wirtschaftlich tätigen Bevölkerungsgruppen. Auf dieses hatten gleichzeitig die Publizistik, religiöse, nationale und soziale Ideale und Empfindungen sowie fortlebende alte Gewohnheiten Einfluß: Die Theorien einer Zeit sind so nur eine Teilquelle für die in ihr wirklich wirksamen wirtschaftlichen und sozialen Meinungen.

Literatur:

Die Literatur zur Dogmengeschichte ist so gut wie ganz das Werk von Volkswirten. Standardwerk ist *Ch. Gide–G. Rist,* Histoire des doctrines économiques ([7]1947, deutsch [3]1923, hsg. v. F. Oppenheimer); neuerdings *H. Denis,* Geschichte der Wirtschaftstheorien von der Antike bis zur Gegenwart, 2 Bde. (Paris 1967, [3]1971, deutsch 1971) und *G. Stavenhagen,* Geschichte der Wirtschaftstheorie ([4]1969). Als Teil eines deutschen Standardlehrbuchs sei hervorgehoben *E. Schneider,* Ausgewählte Kapitel aus der Geschichte der Wirtschaftstheorie = Einführung in die Wirtschaftstheorie IV (1962/65). *M. Blaug,* Economic Theory in Retrospect (London [2]1964), deutsch Systematische Theoriegeschichte der Ökonomie, 5 Bde. (1971/72). Ferner noch *J. A. Schumpeter,* History of Economic Analysis (1953), deutsch u. d. T. Geschichte der ökonomischen Analyse (1965), von dem selben auch: Dogmenhistorische und biographische Aufsätze (Nachdruck 1954). *E. Salin,* Politische Ökonomie. Gesch. der wirtschaftspol. Ideen ([5]1967). Biographisch: Geschichte der politischen Ökonomie. Eine Einführung in Lebensbildern, hsg. v. *H. C. Recktenwald* (1971, 24 Namen). Marxistisch: Geschichte der ökonomischen Lehrmeinungen. Von einem Autorenkollektiv, Red. N. K. Karatajew (Moskau 1963, deutsch 1965). Eine internationale Bibliographie (nur Titel) bieten *W. Braeuer,* Handbuch zur Geschichte der

Volkswirtschaftslehre (1952) sowie *O. Popescu,* On the Historiography of Economic Thought: A Bibliographical Survey (Neuchâtel 1964).

Einen wichtigen Beitrag zur historischen Ideologiekritik leistete 1929 *G. Myrdal,* Das politische Element in der nationalökonomischen Doktrinbildung (engl. ^{2}1953, deutsch ^{2}1963). Eine Verknüpfung von Lehre und Geschichte unternahm *W. Stark,* The History of Economics in its Relation to Social Development (London 1954, deutsch Dordrecht 1960). Hübsch *E. Wagemann,* Berühmte Denkfehler der Nationalökonomie (1951).

Das maßgebliche Werk über den Merkantilismus ist bis heute *E. F. Heckscher,* Merkantilismen, 2 Bde. (Stockholm ^{2}1953, deutsch 1932, engl. ^{2}1955); es behandelt den Merkantilismus als einheitsbildendes System, als Machtsystem, als Schutzsystem, als Geldsystem und als Gesellschaftsauffassung. Eine „Merkantilismusdebatte" seit 1957 hat erneut die Frage aufgeworfen, ob sich in der geschichtlichen Wirklichkeit überhaupt eine geschlossene merkantilistische Wirtschaftspolitik oder vielmehr nur Staatspolitik auffinden lasse; zuletzt: Revisions in Mercantilism, hsg. v. *D. C. Coleman* (London 1969). – Zur Physiokratie bietet das Sammelwerk: François Quesnay et la Physiocratie, 2 Bde. (Paris 1958), Bibliographie und ausgewählte Texte. – Auffallenderweise fehlt noch eine umfassende Würdigung für Smith und die klassische Nationalökonomie. – Zum Marxismus als Gesamtsystem *I. Fetscher,* Der Marxismus. Seine Geschichte in Dokumenten, 3 Bde. in 1 (1968). *E. Mandel,* Traité d'Économie Marxiste (1962, dt.: Marxist. Wirtschaftstheorie, 1968). Vorläufigeren Charakter haben natürlicherweise noch *G. D. H. Cole,* A History of Socialist Thought, 4 Bde. (New York–London 1953) und *E. James,* Historie de la pensée économique au XXe. siècle, 2 Bde. (Paris 1955). – *K. Schilling,* Geschichte der sozialen Ideen (1957). *W. Hofmann–W. Abendroth,* Ideengeschichte der sozialen Bewegung des 19. und 20. Jhs. (^{4}1971). *G. Gurvitch,* L'idée du droit social. Notion et système du droit social. Histoire doctrinale (19. Jh., Paris 1932).

Zur Betriebswirtschaftslehre: *J. Löffelholz,* Geschichte der Betriebswirtschaft und der Betriebswirtschaftslehre. Altertum, Mittelalter, Neuzeit bis zum Beginn des 19. Jhs. (1935).

Ein einzig dastehendes Werk ist *J. Dorfman,* The Economic Mind in American Civilisation, 5 Bde. 1946–1959 (seit 1606, Ndr. 1969); das Buch untersucht nicht nur die Entwicklung der Wirtschaftstheorie, sondern auch ihre Anwendung und Popularisierung sowie die davon beeinflußte Gesellschaftsphilosophie. Für Rußland: A History of Russian Economic Thought. 9th through 18th Centuries, von e. Autorenkollektiv, engl. Übers. (Berkeley 1964).

Zur Geschichte der Soziologie: *H. Schoeck,* Die Soziologie und die Gesellschaften. Problemsicht u. Problemlösungen vom Beginn bis zur Gegenwart (^{2}1964, mit Texten). *R. Aron,* Les étapes de la pensée sociologique. Montesquieu, Comte, Marx, Tocqueville, Durkheim, Pareto, Weber 2 Bde. (Paris 1967, dt: Hauptströmungen des soziologischen Denkens, 1971). *P. A. Sorokin,* Contemporary Sociological Theories (1928, gekürzt deutsch 1931), mit Gruppierungsversuch. Theories of Society. Foundations of Modern Sociological Theory, hsg. v. Parsons-Shils-Naegele-Pitts (New York ^{3}1965). *R. K. Merton,* Theoretical Sociology. Five Essays, old and new (New York 1967). *I. S. Kon,* Der Positivismus in der Soziologie, Geschichtl. Abriß (russ., erweit. deutsch 1968).

C. DER WIRTSCHAFTS- UND SOZIALWISSENSCHAFTLICHE ASPEKT

VII. Grundlagen der systematischen Wirtschafts- und Sozialwissenschaften

Die Wirtschafts- und Sozialwissenschaften haben im Lehrbetrieb ihren klaren Ort als anwendbare Wissenschaften. Sie erstreben eine Verbindung von Entwicklung und Gleichgewicht und sie wollen die Gesetzmäßigkeiten, mindestens hohe Wahrscheinlichkeiten oder tendenzielle Regelmäßigkeiten erkennen, welche Gegenstand reiner Erkenntnisinteressen sind, aber meist auch öffentliche und private Planungen erleichtern und Risiken vorberechenbar machen oder vermindern. Im volkswirtschaftlichen Studium in Deutschland sind (noch) die zwei aneinandergebundenen Prüfungsfächer Volkswirtschaftslehre und Volkswirtschaftspolitik üblich. Zur Einführung sei empfohlen der Artikel „Wirtschaftswissenschaft: Methodenlehre" von *E. v. Beckerath – N. Kloten – H. Kuhn* im Handwörterbuch der Sozialwissenschaften, Bd. 12 (1965). Im 20. Jh. haben Volks- und Betriebswirtschaftslehre die Bedeutung der Psychologie entdeckt (Verhaltenstheorie), schon zuvor die des Raumes (Raumwirtschaftstheorie). Für eine wirtschaftliche Prognose als Wissenschaft sind neben analytischen Verfahren grundsätzlich auch zeitlich weiter zurückgreifende „historisch"-statistische Verfahren möglich. Man kann sogar, nach drei Verfahrensweisen der Wirtschaftswissenschaft gruppierend, von aktueller makroökonomischer Problemlösung, von mikroökonomisch-praktischer Anwendung und drittens von theoretischer *und* historischer Problemerörterung als weiterem Ausgreifen sprechen. Als Theorie gilt die Zusammenfassung mehrerer aufgefundener Gesetze in Über- und Unterordnung und Ableitung: Die gemeinsame Fragestellung eines theoretisch-historischen Doppelzugangs wäre also wiederum die Prüfung von Gesetzmäßigkeiten in der geschichtlichen Wirklichkeit. Trotz der schon oben (s. Kap. B. II) erwähnten Zunahme eines theoretischen Bewußtseins in der Geschichtswissenschaft selbst ergeben sich aber Möglichkeiten echter Zusammenarbeit nur teilweise und stufenweise.

Zur rein empirischen Wirtschaftsforschung und empirischen Sozialforschung oder strukturellen Soziologie findet eine sammelnde Geschichtswissenschaft leichten Zugang. Manche soziologischen Theorien sind Anleihen bei der Psychologie (Theorie des Gruppen-, Sozialverhaltens). Die Heranziehung der soziologischen sog. Schichtungstheorie für die historische Gesellschaftsanalyse ist eigentlich nur eine Typologie der Gruppengliederung nach Merkmalen verschiedener sozialer Wertschätzung; die sog. Rollentheorie bemüht sich in ähnlicher Weise um die dynamische Einordnung des „homo sociologicus". Die von Merton eingeführte soziologische „Theorie mittlerer Reichweite" beansprucht zunächst nur innerhalb eines bestimmten sozialen Gesamtsystems Gültigkeit. Unter den hier betrachteten Wissenschaftszweigen hat aber international die Volkswirtschaftslehre dem Forschungsansatz von der allgemeingültigen Theorie her mehr Gewicht gegeben. Ihre theoretischen Systeme sind stets auf die Gegenwart bezogen und werden logisch-abstrakt, nicht hypothetisch, entwickelt; sie arbeiten auch mit Realtypen als Grundstruktur- und Verlaufstypen. Andererseits sind Idealtypen z. B. W. Euckens entgegengesetzte Wirtschaftsordnungen Verkehrswirtschaft und Zentralverwaltungswirtschaft, denen sich A. Müller-Armacks ideologisch sehr wirksam gewordene ordnungstheoretische Form der Sozialen Marktwirtschaft anfügte. Auch scheinbar rein empirische makroökonomische Ermittlungen wie die numerische Darstellung des gesamten wirtschaftlichen Kreislaufs in einer Volkswirtschaft und seiner Stromgrößen, also aller Geld- und Güterbewegungen zwischen Staat, Unternehmungen und Haushalten und zwischen Volkswirtschaft und übriger Welt, beruhen auf eigenen Theorien, bzw. Bündeln von Theorien. Die Hauptposten einer solchen nachträglichen Gesamtrechnung oder Nationalbuchführung sind unter dem Einfluß von *Keynes* zuerst für Großbritannien 1940 geschätzt worden, nachträglich für Schweden 1938/39. Heute gibt es volkswirtschaftliche Gesamtrechnungen für alle wichtigen Länder in Verbindung mit Vorhersagen und Zielprojektionen und eine ausgebildete Theorie der volkswirtschaftlichen Gesamtrechnung. Die Übersetzung mikroökonomischer Beziehungen in makroökonomische bildet das sog. Aggregationsproblem.

Wirtschaftswissenschaftliche Theorien können Klassifikationstheorien, erklärende und gesetzessuchende (nomologische) oder Entscheidungstheorien sein, die logische Folgen verschiedener wählbarer Handlungsweisen von Einzelnen oder Gruppen aufzeigen. Der Geschichte steht die nomologische Theorie am nächsten. Sie ist, wo sie nur Gesetzmäßigkeiten für die kurze Sicht behaupten kann, relativ-historische Theorie und wird dann von Wirtschafts- und Sozialwissenschaftlern oft nur als Quasi-Theorie oder Ausdruck eines historischen Resignationsstandpunktes *(H. Albert)* gewertet. Die relativ-allgemeine Theorie entspricht etwa der Theorie mittlerer Reichweite und gilt unter bestimmten Rahmenordnungs-Voraussetzungen, so z. B. Preistheorie nur innerhalb einer Marktwirtschaft. Nationalökonomen der späten historischen Schule wie *Spiethoff* und *Salin* haben bezweifelt, ob es überhaupt wirtschaftliche Gesetzlichkeiten darüber hinaus gibt. Andere verweisen darauf, daß Theorien je nach Systemveränderung im Gesamtverlauf der Geschichte immer wieder für längere Zeit in Kraft und außer Kraft treten, also „transkulturell" auftreten und mit Unterbrechungen allgemein sein können.

Hier interessiert gerade deshalb vorzugsweise die dritte Form der nomologischen Theorie, die allgemeine, d. h. überall und zu allen Zeiten geltende Theorie, die sich neben der Entscheidungstheorie am weitesten der naturwissenschaftlichen annähert. Wegen der mangelnden Geschlossenheit ihres Systems, das stets für unbekannte Einflüsse zugänglich ist, sind wirtschaftswissenschaftliche Theorien dieser Art, besonders langfristige, nicht leicht durch Einzeltatsachen widerlegbar, was nach *Popper* ihre Brauchbarkeit von vornherein einschränkt. Sonderprobleme bleiben die raum-zeitliche Abgrenzung des Geltungsbereichs, die für den Anspruch einer Theorie auf Allgemeinheit gefordert wird, und der Wandel des Bezugssystems seinerseits.

Der Klarheit halber werden Theorien gern wie naturwissenschaftliche in der Form von Modellen, von konstruierten, vereinfachten Darstellungssystemen erklärt und dargestellt. Die meisten Modelle gehen von klaren idealen Voraussetzungen aus, wie sie in der Wirklichkeit nur selten oder nie vorkommen, woran auch Kritik an neoklassischem „Modell-Platonismus", d. h. an der Verweisung des sog. Datenkranzes um die „reine" Wirtschaftstheorie in die Zuständigkeit der Soziologie, anknüpfte: Volle Information und volle Voraussehbarkeit der künftigen Entwicklung, Vollbeschäftigung, unbegrenzte Beweglichkeit des Produktionsfaktors Arbeitskraft, vollständiger marktwirtschaftlicher Wettbewerb ohne Einfluß von Macht („vollständige Konkurrenz") usw... Die Ceteris-paribus-Analyse, die Wirkungen der Veränderung von Größen auf andere Größen betrachtet, klammert oft die gleichzeitige Veränderung dritter Größen und damit natürlich einen als minder wichtig eingestuften Teil der Wirklichkeit aus.

Es gibt Totalmodelle und Teil- oder Partialmodelle, stationäre und evolutorische Modelle, Erklärungs- und Entscheidungsmodelle, sog. Optimierungsmodelle, auch als spieltheoretische Modelle, deterministische und statistische, d. h. (stochastische oder) Wahrscheinlichkeitsmodelle. Die Wirtschaftstheorie hat neben die Ex-post-Analyse eine Ex-ante-Analyse gestellt. Sie kennt auch den Zeitvergleich zwischen zwei Gleichgewichtszuständen (komparativ-statische Modelle) sowie, eine Verlaufsspanne Vergangenheit und Zukunft einbeziehend, verschiedenfristige Modelle; in diesen wird die physikalische Funktion der Zeit beachtet, Messungen von Bewegungen zu ermöglichen. Die bewußte Mitberücksichtigung des Zeitmoments bzw. von Hilfsgrößen, die nicht sämtlich der gleichen Periode angehören, läßt neben den statischen Modellen sog. dynamische Modelle entstehen. Die systematische – nicht ganz oder teilweise chronologische – Gliederung der Darstellungen führt aber dabei schon als solche zur Diskontinuität innerhalb des jeweils eingebauten historischen Stoffes.

Steigender Beliebtheit erfreut sich die Umsetzung verbaler Theorie in mathematische Modelle, d. h. Systeme von Bestimmungs- und Funktionsgleichungen. Eine „mathematische Form" muß nicht notwendig ein Zahlengebäude bedeuten. Wesentlich ist der Umstand, daß die mathematische Formelsprache gewissermaßen eine Standardisierungshülse für eine Aussage ist, die oft deren statistische Überprüfung erleichtert. Der Schritt vom mathematischen Modell mit der im 16. Jahrhundert eingeführten Buchstabenrechnung mit sog. allgemeinen Zahlen (A, b, x usw.) zum numerisch-mathematischen Modell mit speziellen, konkreten Zahlen bleibt grundsätzlich ein zweiter Schritt. Eine am äußeren Bild der Veröffentlichungen unterscheidbare mathematische Schule der Volkswirtschaftslehre gibt es im strengen Sinne nicht. Während *Menger* keine mathematische Formulierung gebrauchte, tat dies schon 1826 *J. H. v. Thünen* in seinem Buchstabenmodell der konzentrischen landwirtschaftlichen Anbauweise. Die erste Arbeit der theoretischen Volkswirtschaftslehre in der Sprache der mathematischen Analyse legte 1838 *A. Cournot* vor. Die moderne Ökonometrie stellt eine feste Vereinigung von Wirtschaftstheorie und numerisch-mathematischer Statistik dar. Mathematische Modelle arbeiten mit Formeln und Gleichungen, mit Symbolen für veränderliche Größen oder Variablen (meist englischen, z. B. M = Geld, P = Preis, L = Arbeit, C = Verbrauch, Konsum, I = Investition, K = Kapital, D = Nachfrage, Y = Volkseinkommen) und werden mathematisch analysiert und interpretiert. Dynamische Modelle sind grundsätzlich äußerlich erkennbar durch Verwendung des Symbols T = Zeit mit der Hilfsgröße t = besonderer Zeitpunkt, laufender Zeitindex. T_t wird z. B. für das Alter von Ausrüstungsgütern gesetzt, die zum Zeitpunkt (t) aus dem Verkehr gezogen werden, für ihre Lebensdauer. t–1 usw. meint Vergangenheits-, t+1 usw. Folgezeitspannen. Die dynamische Abhängigkeit des Verbrauchs vom Volkseinkommen des vorausgehenden Zeitraums spricht aus der Funktionsgleichung $C_t = f\ (Y_{t-1})$ (sog. Robertson-Lag). dt ist die Differenzierung, die unendlich kleine Veränderung von t. In einem Kreislaufmodell erscheinen so z. B. die Variablen C(t), I(t), Y(t) als Funktionen der Zeit (t) und stellen den Geldfluß in einem Zeitintervall t, t+dt dar. Abkürzend wird auch ein Punkt über Variablen für Änderungen in der Zeit benützt: $\dot{Y} = \frac{dY}{dt}$. Leider ist die Symbolsprache aber nicht einheitlich – so kann P auch Bevölkerung, T auch Technologie oder Land, C auch Kapital bedeuten –, so daß auf jeden Fall die besondere Symbolauflösung einer Veröffentlichung aufgesucht werden muß.

Ein Übergang von der Wirtschafts- zur Sozialtheorie liegt etwa bei Prüfung der zeitlichen Konstanz des Verbraucherverhaltens durch Zeitvergleich zwischen mehreren Querschnittsanalysen der durchschnittlichen Nahrungsmittelnachfrage vor. Der von *Lévi-Strauss* bahnbrechend zunächst philosophisch-anthropologisch vertretene Strukturalismus ersetzt die Zusammenhänge in der Zeit durch punktuelle Verknüpfung von Analysen und sucht auch die Sozialstruktur auf mathematisierbare Modelle zu bringen. Notwendigerweise bleiben aber alle mathematischen Theorien auf Isolierung der formalen und standardisierbaren Aspekte beschränkt. Die mathematische Sozialtheorie kann einen gedachten Leitfaden, einen Idealtyp des menschlichen Handelns erfassen und die Zweckrationalität dieses Handelns voraussetzen, d. h. das Prinzip des grundsätzlich verfolgten größten eigenen Nutzens. Sie arbeitet also jedenfalls bisher und im Rahmen des marktwirtschaftlichen Systems mit einem verhaltenshypothetischen „homo oeconomicus" ohne historische Tiefenschärfe. Der „homo sociologicus" ist an ein „normales" soziales Rollenverhalten gebunden. Sittliche Überlegungen haben mit dem „gesollten Verhalten" der Theorie nichts zu tun. Insofern ihr anthropologisches Rationalmodell bestimmte natürliche Vernunftwidrigkeiten des Menschen ausklammert, läßt sich besonders bei numerisch quantifizierenden Verfahren von Enthumanisierung der Wirtschafts- und Sozialwissenschaften aus wissenschaftssoziologischen Gründen sprechen.

Die dynamische Wirtschaftstheorie und Sozialtheorie, wie sie schrittweise von der statischen Theorie abgegrenzt wurde, sucht im einzelnen die Begegnung mit der Geschichtswissenschaft an drei Stellen: Einmal zwecks Gewinnung von aufbereiteten Quantitätenreihen, wobei sie unmittelbar oder von einer ihrerseits organisierten „quantitativen Geschichte" (Historiometrie, Kliometrie) oder „Reihengeschichte" (histoire sérielle) möglichst auch die Umrechnung von Qualitäten in Quantitäten erwartet. Auch in Soziologie und Politikwissenschaft *(K. W. Deutsch)* ist diese Bereitstellung quantitativer Reihen erwünscht. In der Wirtschaftsgeschichte wird dieser Brückenschlag durch die tatsächliche Rolle der Quantitäten an Geld und Gütern erleichtert und wird das empirische Bedürfnis der Theorie heute weitgehend durch die Ökonometrie befriedigt. Dabei erfordert schon die elektronische Datenverarbeitung bestimmte technische Vorsteuerungen für die Erstellung numerischer Modelle.

Zum andern begrüßt die moderne Theorie – gewissermaßen als Gegengabe für ihre Frage-Anregungen – aus dem Tatsachenstoff abgeleitete empirische Hypothesen, die zur Überprüfung der rein theoretischen Annahmen dienen können. *K. R. Popper* hat für dieses gezielte Fragenstellen an die Vergangenheit den Vergleich mit einem rückleuchtenden beweglichen Scheinwerfer gebraucht und die zielklare „Scheinwerfertheorie" mit der ziellosen Schmollerschen „Kübeltheorie" verglichen. Man fand dafür auch die Formel, die Geschichtswissenschaft verdanke der Wirtschaftswissenschaft Beschränkungen *(J. M. Buchanan).*

Die moderne Theorie hat drittens Zweifel daran bekommen, ob Theorien und Modelle ohne empirischen Gehalt sich jemals nachträglich mit

Realität auffüllen lassen: Das Prinzip des Idealtyps scheint mehr oder weniger eine Voraussetzung dafür zu sein, daß überhaupt Brücken zwischen theoretischer und historischer Erkenntnis entstehen können.

Die moderne Theorie lehnt es in Behauptung ihrer „strategischen Rolle“ für die Wirtschaftsgeschichtsforschung ab, aus einer Fülle von Beschreibungen historischer Vorgänge erst zu entscheidenden Ergebnissen aufzusteigen. Sie scheut aber auch den Vorwurf der praktischen Wirtschaft, allzu sehr „Glasperlenspiel“ zu sein. So gelangt sie außer zur Verbindung mit dem Fach Wirtschaftsgeographie auch zu dem Wunsche nach einem empirischen Begleitfach Moderne Wirtschaftsgeschichte. Dessen Gefahr in den Augen der Historiker liegt darin, daß es vorgegebene Aussagen der Theorie nicht mehr mit genügender quellennaher Unabhängigkeit betrachten und bei geschichtszerstückelnder Beschränkung auf das 19./20. Jh. leicht die eigenen zeitgeschichtlichen Voraussetzungen von Theorien übersehen kann.

Literatur:

Als Einführung in das Arbeitsmaterial der Wirtschaftswissenschaften gibt es englische Quellenkunden: *J. Fletcher* u. a., The Use of Economic Literature (London 1971) und *R. Andreano, E. Farber, S. Reynolds,* The Student Economist's Handbook (London 1967); es informiert über Benutzung von Zeitschriften, offiziellen Dokumenten sowie Fachbüchern und Periodika. Über die Nachschlagewerke s. *G. Savelsberg,* Art. Enzyklopädie, sozialwissenschaftliche, in: Handwörterbuch der Sozialwissenschaften 3, 1961. Deutsche Handlexika: Meyers Handbuch über die Wirtschaft (^{2}1970), *W. Bernsdorf – F. Bülow,* Wörterbuch der Soziologie (^{2}1969).

Einen interessanten Umblick über die Gegenwartslage bieten die führenden Sammelwerke A Survey of Contemporary Economics, hsg. von der American Economic Association, 2 Bde. (1949–1952) und, enger marktwirtschaftlich, Surveys of Economic Theory, hsg. von der American Economic Association und der Royal Economic Society, 3 Bde. (1965–1966) sowie der Auswahlband: Gegenstand und Methoden der Nationalökonomie, hsg. v. *R. Jochimsen* u. *H. Knobel* (1971, mit guter Einleitung, Neue Wiss. Bibl. 45).

Kurze Information über die Einzelgebiete vermitteln die Handbücher: *W. Ehrlicher, I. Esenwein-Rothe, H. Jürgensen, K. Rose,* Kompendium der Volkswirtschaftslehre, 2 Bde. (^{3}1972) und *K. Hax – Th. Wessels,* Handbuch der Wirtschaftswissenschaften, 2 Bde. (^{2}1966). Umfassend ist das noch unvollendete Lehrwerk: „Die Wirtschaftswissenschaften“, hsg. v. *E. Gutenberg,* in 48 Lieferungen seit 1958 (Reihe A Betriebswirtschaftslehre, Reihe B Volkswirtschaftslehre, Reihe C Wirtschaftsrecht).

Zentrale Einzelfragen betreffen: Diagnose und Prognose als wirtschaftswissenschaftliche Methodenprobleme, Verhandlungen auf der Arbeitstagung d. Vereins f. Socialpolitik, Gesellschaft für Wirtschafts- und Sozialwissenschaften 1961 (1962). Das Verhältnis der Wirtschaftswissenschaft zur Rechtswissenschaft, Soziologie und Statistik, Verhandlungen 1963 (1964). *A. E. Ott,* Der Zeitbegriff in der Wirtschaftstheorie, in: Wirtschaftskreislauf und Wirtschaftswachstum (Festschrift C. Föhl), 1966. Enzyklopädie der geisteswissenschaftlichen Arbeitsmethoden, 8. Lfg. Methoden der Sozialwissenschaften (1967), darin auch Meth. der Wirtschaftswissenschaft. *W. J. Baumol – S. M. Goldfeld*, Precursors in Mathematical Economics. An Anthology (London 1968: 1713–1936). *K. W. Kapp*, Zum Problem der Enthumanisierung der „reinen Theorie" und der gesellschaftlichen Realität, Kyklos 20 (1967). – Volkswirtschaftl. Gesamtrechnung: *Z. Kenessy*, Gestaltung der volkswirtschaftlichen Gesamtrechnung in den kapitalistischen Ländern, Jahrb. f. Wirtschaftsgesch. 1962/III.

Zur Soziologie: *J. Berger – M. Zelditch – B. Anderson*, Sociological Theories in Progress (Boston 1966). Traité de Sociologie, hsg. v. *G. Gurvitch*, 2 Bde. (Paris 1958/60). The Uses of Sociology, hsg. v. *P. F. Lazarsfeld, W. H. Sewell, H. L. Wilensky* (New York 1967). *H. Albert*, Probleme der Theoriebildung, in: Theorie und Realität. Ausgewählte Aufsätze z. Wissenschaftslehre der Sozialwissenschaften, hsg. v. H. Albert (1964). *H. M. Blalock*, jr., Theory construction: From Verbal to Mathematical Construction (Chapel Hill N. C. 1969).

Verhältnis der Theorie zur Geschichte: *A. Spiethoff*, Anschauliche und reine volkswirtschaftliche Theorie u. ihr Verhältnis zueinander, in: Synopsis. Festgabe f. Alfred Weber (1948). *B. H. Slicher van Bath*, Theorie en praktijk in de economische en sociale geschiedenis, A. A. G. Bijdragen 14 (1967).

VIII. Quellenbearbeitung und Auswertungsprobleme des wirtschafts- und sozialwissenschaftlichen Zugangs

Auf den Abschnitt B.III über die historischen Quellen wird besonders verwiesen.

Die Wirtschafts- und Sozialwissenschaften können von ihrem Ansatz aus „zufällige" und planmäßig für ihre Zwecke erstellte Quellen unterscheiden. Natürlicherweise sind für sie die letzteren Erfahrungsunterlagen primär und unter den ersteren die systematischen Dokumente besonders willkommen, und diese wieder um so mehr, je mehr sie mit modernen, verfeinerten Erhebungsmethoden gewonnen sind. So gliedert die Soziologie ihre empirischen Zugänge in einerseits inhaltliche Analyse von sog. akzidentalen persönlichen Schrift- und Sachzeugnissen (Briefe, Tagebücher, Erinnerungen, Kunstwerke usw.) und überpersönlichen Aufzeichnungen und Berichten (Protokolle, Massenmedien-Niederschlag), und von systematischen Dokumenten (wissenschaftliche Vorarbeiten, Statistiken, Adreßbücher usw.) und andererseits in sog. Feldarbeit: in Befragung, Beobachtung und Experiment. Für unser räumliches Betrachtungsgebiet verwendet die Soziologie vor allem Dokumente des 19. Jhs. ohne Bedenken, auch im Zeitvergleich z. B. der amerikanischen Negersklaverei- und Nachbefreiungszeit (*Frazier*, 1939). Obwohl sie das persönliche Dokument nur generalisierend als Gruppenaussage verwendet, kommt sie bei der Dokumentenanalyse der Quellenkritik des Historikers am nächsten, kann aber auch im Interview die Frage nach vergangenem Erleben und Verhalten stellen. In dem Maße, in dem mathematische und statistische Methoden in der Sozialforschung vordringen, fallen die soziologischen Probleme der Quellenbearbeitung und Quellenauswertung mit den wirtschaftswissenschaftlichen zusammen.

Besondere Quellenanliegen hat die Betriebswirtschaftslehre im Falle der unternehmerischen Entscheidungstheorie und der auch die Soziologie angehenden „Theorie der strategischen Spiele". Die Business History benötigt für case studies über Unternehmerentschlüsse und deren Auswirkungen sehr eingehendes, auch internes Firmenmaterial zur genauen Bestimmung der wirklichen Situation, und zwar aus möglichst junger Vergangenheit. Dem stehen oft die Gegenwartsinteressen noch bestehender Unternehmungen entgegen; Archivalien aufgegebener Firmen bieten meist günstigere Möglichkeiten.

In aktuellen Konjunktur- und anderen Berichten aus der Wirtschaft sind nicht nur Geschichte und Prognose von der Forschung scharf zu trennen, sondern auch die Interessenhintergründe der dahinterstehenden Gruppen zu bedenken.

Die theoretisch bestimmte makroökonomische Geschichtsforschung will stets numerisch messen. Sie sucht vor allem nach Zahlenmaterial, zunächst nach originaler amtlicher oder privater Statistik. Infolge der Original-Quellenanlage ist daher (von *Ch. Morazé*) die Meinung geäußert worden, Wirtschaftsgeschichte als selbständige Disziplin sei überhaupt erst vom 16. Jh. ab möglich. Das je ältere desto lückenhaftere Material wird nachträglich den Forschungsbedürfnissen angepaßt. Da nur gleichartige Daten addierbar sind, müssen solche Zähleinheiten durch Umrechnung gewonnen werden. Wie die Bevölkerungsgeschichte Häuser in Familienzahlen umsetzt, so werden mittels Erfahrungswerten etwa Webstuhlzahlen in Beschäftigtenzahlen, Beschäftigten- und Arbeitsplatzzahlen in Anlagevermögen umgerechnet. Die Agrargeschichte arbeitet mit dem künstlichen Begriff der Großvieheinheit, in den auch das Kleinvieh umgesetzt wird. Konkret belegte Ernährung etwa von Bewohnern geschlossener Anstalten wird in Kalorien umgerechnet und so verglichen. Zusammengerechnete Betriebskennziffern des statistischen Betriebs- und Bilanzvergleichs sind auch für frühere Zeiten möglich. So entsteht ein organisiertes Kollektivgedächtnis für aktualisierbare Daten mit Jahreszahl, die nicht wie das Archivmaterial Rohstoff, sondern schon gewissermaßen normierte Baustücke sind.

Die wirtschaftswissenschaftliche Arbeitsweise billigt aber auch das Ausfüllen lückenhafter Datenreihen, die Verbreiterung des Zahlenmaterials durch Interpolation, Verlängern durch Extrapolation, Rückschätzung und Regressionsanalyse, ja durch Hilfsrechnungen. Solche können z. B.

aus wenigen echten Stichjahr-Quellenangaben über Preise und Löhne jahrhundertelange Kurven ermitteln, aus Münzschatzfunden und Steuerabrechnungen mit statistischer Wahrscheinlichkeitsrechnung den absoluten Geldumlauf der Zeit ableiten oder durch Anwendung der Theorie der hypergeometrischen Verteilung aus einem unvollständigen Verzeichnis der um 1870 arbeitenden amerikanischen Staatsbanken die ganze Zahl errechnen. Aufbereitetes Datenmaterial, das aus Originalangaben nicht nur addiert, sondern wissenschaftlich errechnet wird, gilt hier weniger als für den Historiker bereits als „Sekundärliteratur".

Das populäre Problem des Kaufkraftvergleichs einer historischen mit einer Gegenwartswährung ist mit seiner Hauptschwierigkeit schon früher (B. III.) berührt worden: Das Güterbündel, das mit einem bestimmten Geldbetrag kaufbar ist, wechselt auch seine Zusammensetzung. Noch komplizierter sind Zeitvergleiche von Volksvermögen. Dabei entstehen nicht nur Fragen um die Wahl von Markt-Verkehrswerten oder Tax-(Versicherungs-)werten, sondern auch solche der Abschreibung von Anschaffungswerten auf Zeitwerte oder Tageswerte.

Die heute stark theoretisch ausgebaute und mathematisierte Statistik, die methodische zahlenmäßige Erfassung von Massenerscheinungen, ist zu einer Art Hilfswissenschaft auch in unserem Zusammenhang geworden. Die Ökonometrie verknüpft sie von Anfang an mit Fragestellungen der dynamischen Theorie. Wo die Statistik z. B. für Verhältniszahlen nicht alles zählen kann oder will, nimmt sie Zuflucht zur Theorie der relativen Häufigkeit als Wahrscheinlichkeit, zum sog. Gesetz der großen Zahl.

Für die historische Statistik hat das Verfahren der Schätzung mittels Wahrscheinlichkeitsrechnung nach (je älteren desto zufälligeren) Stichproben größte Bedeutung gewonnen. Auch für die Statistik ist zunächst das Problem des Typus und in der Auswertung das Problem des tatsachenrichtigsten Mittelwertes wichtig. Außer dem arithmetischen Mittel, dem einfachen und dem gewogenen Durchschnitt, gibt es vor allem sog. Mittelwerte der Lage, nämlich den häufigsten oder dichtesten Wert (Modus), der die Ballung z. B. der gängisten Warenart anzeigt, und den Zentralwert (Median), der z. B. in einer Reihe von Lohnempfängern den Lohn des genau in der Mitte Stehenden angibt, so daß genau gleich viele andere mehr oder weniger erhalten. Das gewogene Mittel entsteht, indem jeder Lohnsatz mit der Zahl der ihn beziehenden Arbeiter multipliziert und die errechnete Summe dann wieder durch die Gesamtzahl der Arbeiter geteilt wird. Ein einfaches Beispiel hat G. Neuhaus im Staatslexikon, 5. Aufl. Bd. 5 (1932) gegeben: 193 Arbeiter um 1930 beziehen 10 verschiedene Lohnsätze und zusammen einen Wochenlohn von 5214 Mark.

Zahl der Arbeiter	Wochenlohn in M	Gesamtwochenlohn
10	15	150
23	18	414
31	21	651
12	24	288
53	27	1431
7	30	210
22	33	726
15	36	540
12	39	468
8	42	336
193	285	5214

Ungewogenes arithmetisches Mittel	285 : 10 =	28,50 M
Gewogenes arithmetisches Mittel	5214 : 193 =	26,99 M
Häufigster Wert (Modus):		27,00 M
Lohn, den der 97. Arbeiter bezieht (Median):		27,00 M

Der einfache Durchschnitt berücksichtigt die Rolle der Höchst- und Niedrigsteinkommen zu wenig und gibt wegen der ersteren ein Bild, das der Steuerkraft des Gebietes entspricht, aber sozial zu günstig ist. Das gewogene Mittel nennt einen Lohnsatz, der wie meistens in der Wirklichkeit nicht vorkommt. Auch häufigster und Zentralwert fallen nur selten zusammen.

Für die Berechnung von Indexziffern und bei Interpolationen werden auch sog. gewogene geometrische Mittelwerte verwendet. Die Ermittlung der Indexziffern erfolgt meist zur Darstellung der Schwankungen von Werten mehrerer Gattungen zusammen und schafft Meßinstrumente des statistischen Vergleichs auch in der Zeit. Sie gehen über einfache statistische Meßziffern hinaus und suchen komplexe statistische Erscheinungen wie Produktionsvolumen, Handelsvolumen, Produktivität, Börsenkurse, Preis- und Lohnniveaus, Lebenshaltungskosten (auch schon nach Kalorienbedarf) in jeweils einer einzigen Durchschnittszahl für einen Zeitpunkt zu konzentrieren. Für historische Zwecke werden diese Indexzahlen relativ zur Zahl eines bestimmten vorausliegenden Basis- oder Normaljahres errechnet, das = 100 gesetzt wird (besonders beliebt etwa das Vorkriegsjahr 1913); um Zufallsschwankungen noch mehr auszuschalten, kann auch z. B. ein Fünfjahreszeitraum als Basiswert dienen. Dabei handelt es sich nicht mehr allein um das Problem des dynamischen Mittelwerts. So hängt der Lohndurchschnitt nicht nur von den Lohnsätzen der einzelnen Lohngruppen ab, sondern u. U. auch von der Zahl der in diesen jeweils geleisteten Arbeitsstunden und nicht zuletzt von der Zusammensetzung der Arbeiterschaft und ihrer Veränderung. Ein sog. eliminierter Index wird in diesem Falle durch Einfügung der hypothetischen Voraussetzung gebildet, daß diese Zusammensetzung stets die gleiche gewesen sei wie im Basisjahr oder im Schlußjahr.

Noch schwieriger liegt es mit der Wirklichkeitsnähe des ebenfalls berührten langfristigen Lebenshaltungskostenindex im Falle des in der Zeit verschieden zusammengesetzten Warenkorbs („Marktkorbs"). *Flaskämper* sagt dazu treffend: Bei einer starken Veränderung der Verhältnisse – Änderung der Verbrauchsgewohnheiten, der Wirtschaftsstruktur, dazu noch Auftreten ganz neuer Waren und Verschwinden anderer – kann die Beibehaltung derselben statistischen Gewichte der Einzelgüter zu einer so lebensfernen Abstraktion führen, daß der Index keinen vernünftigen Aussagewert mehr besitzt. Ändert man die Gewichte, so wird auch die formale Vergleichbarkeit mit dem früheren Zeitpunkt aufgegeben. Auch eine Methode der Verkettung kann das Dilemma nicht eigentlich lösen. Man kann unter Nichtbeachtung von Qualitätsänderungen ermitteln, um wieviel der Preis für Brot oder Schuhe seit 1870 gestiegen ist, aber nicht um wieviel das Preisniveau der Lebenshaltung gestiegen ist: „Wir stehen hier vor den Grenzen quantitativer Aussagemöglichkeit."

Ein dynamischer Mittelwert ist auch der Trend als mittlerer Verlauf. Die empirische Abbildung theoretisch formulierter wirtschaftlicher Abläufe erfolgt in Zeitreihen; die Zeitreihenanalyse beschäftigt sich mit der Untersuchung der darauf einwirkenden Ursachenkomplexe, mit Zerlegung nach Auswirkungen bestimmter Ursachengruppen. Sie wird dadurch behindert, daß die einzelnen Reihenwerte in Wirklichkeit oft nicht nach Ursachen aufspaltbar sind und daß häufig gegenseitige Abhängigkeiten zwischen den Reihen bestehen. Im einzelnen sondert die Analyse Trendkomponente (glatte Entwicklungskurve des langfristigen Wachstums, v[t]), Konjunkturkomponente (zyklische Schwankungen 3–12 Jahre, z[t]), Saisonkomponente (Schwankungen bis zu Jahreslänge durch Witterungswechsel, Feiertage usw., s[t]) und irreguläre Komponente (Zufallsschwankungen, ε[t]), wobei die beiden letzteren mathematisch ausschaltbar sind. Als säkularer Trend des 19./20. Jhs. wird das Ansteigen von Produktionsvolumen, Realeinkommen und Konsumtionsvolumen bezeichnet, das sich als längstfristiger Vorgang methodisch herausheben läßt. Für Prognosezwecke findet die Trendbestimmung größtes Interesse, doch ist die Trendextrapolation in mancher Hinsicht mit Zweifeln belastet. Sie verwendet z. B. die sog. logistische Kurve und neuerdings sogar Filtertheorie und Spektralanalyse nach Art der Naturwissenschaften, mit Unterstellung weitgehender Analogie der Verläufe in beiden Wissenschaften.

Ein gutes Beispiel für lange historische Indexreihen und ihre Probleme ist der Versuch, anhand von einzelnen tatsächlichen deutschen Lohn- und

Preisangaben aus dem Zahlenwerk von *Elsas* und nach einer Formel von *Fourastié* Indices der Produktivität von 1500–1960 kurvenmäßig darzustellen und daran die wirtschaftlichen Auswirkungen des „installierten" technischen Fortschritts, also eines isolierten Faktors, am Beispiel der Leinwand- und Ziegelerzeugung numerisch abzulesen, d. h. vom 19. Jh. ab Produktivitätsfortschritt als Dauererscheinung sichtbar zu machen. Freilich spielen dabei die Analogie und Interpolation eine erhebliche Rolle, und es steht nicht fest, ob das Ansteigen der Leinenkurve im 16./17. Jh. wirklich technische Produktivitätsänderungen angibt: Der Index der Produktivität ergibt sich nach Fourastié bei gleichbleibendem Verhältnis von Umsatz und Lohnsumme aus der Division eines Index der Arbeitslöhne durch einen Preisindex der betreffenden Güter, also einer Verteilungswirkung, die vielleicht vor 1800 ein viel geringeres Gewicht hatte.

Graphische Darstellungen historischer Datenserien in Kurvenform werden neuerdings als Historigramme bezeichnet. Es gibt Block-, Bild-, Kreis-, Kurvendiagramme, auch Punktdiagramme (Streubilder). Die Vegetationsanalyse aller Erdproben wird in sog. Pollendiagrammen z. B. nach Zeitschichten und Getreideanteil an der jeweiligen Gesamtpollenzahl ausgewertet. Als Netz von Polen und Pfeilen wird schon seit *Quesnay* das Schema des wirtschaftlichen Kreislaufs veranschaulicht. Die logarithmische Darstellung wird angewandt, wo anstelle absoluter Veränderungen

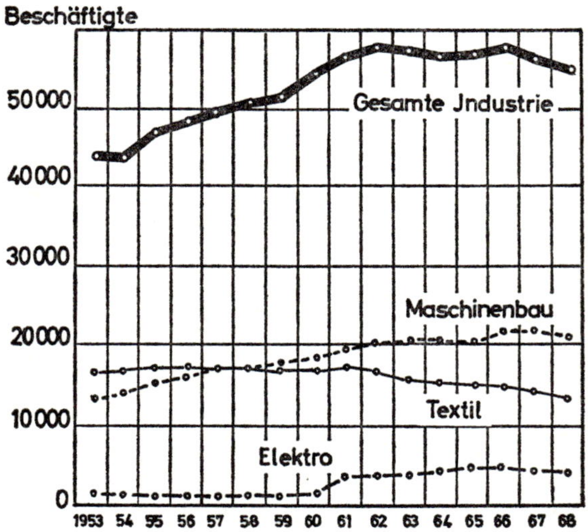

Arithmetische Darstellung: Industriebeschäftigung Augsburgs seit 1953 (Betriebe ab 10 Beschäftigten) nach Statist. Amt der Stadt Augsburg

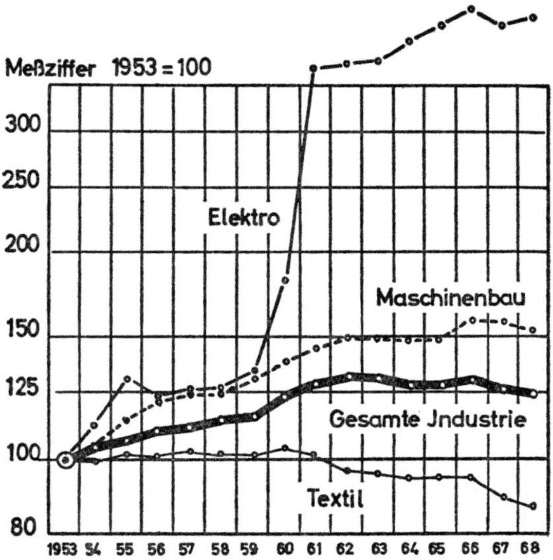

Logarithmische Index-Darstellung: Industriebeschäftigung Augsburgs seit 1953 (Betriebe ab 10 Beschäftigten) nach Statist. Amt der Stadt Augsburg

verhältnismäßige (Wachstumsrate!) hervortreten sollen. Die einseitig logarithmische Kurve im Koordinatenkreuz mit Beibehaltung des absoluten, einheitlichen Maßstabs für die Zeitkoordinate (Jahre) und mit Verkleinerung des Maßstabs und Weglassung der Null-Linie an der anderen Koordinate bei höherem Ansteigen der Nicht-Zeitwerte erlaubt die Wiedergabe mehrerer Veränderungen auf knappen Bildraum. Für Kurvendiagramme der Konzentration einer wirtschaftlichen Einheit relativ zu einer anderen in bestimmten Stichjahren (z. B. Einkommen: Einkommensbezieher, Vermögen:Vermögensbesitzer) wird häufig die Kurve des amerikanischen Statistikers *Lorenz* angewandt; sie stellt als Kreuzungsprozentierung mit beweglichen Gruppengrenzen die Abweichung von der Linie der Gleichverteilung, von der Diagonale zwischen den Koordinatenenden dar und macht so die Ungleichverteilung, die Häufung von Reichtum und Armut durch ihre Neigung ablesbar. Lorenzkurven für verschiedene Jahre in einem Diagramm zeigen Strukturveränderungen und ihre Schwerpunkte auf.

Auch wirtschafts- und sozialhistorische Karten können als Kartogramme mit statistischer Eintragung logarithmische Signaturenverkleinerungen enthalten. Für die Darstellung mehrerer Quantitätsdaten zum selben Ortszeichen wird ferner, um eine Überdeckung konzentrischer Kreise zu vermeiden, die geometrische sog. Vektordarstellung angewandt. Die

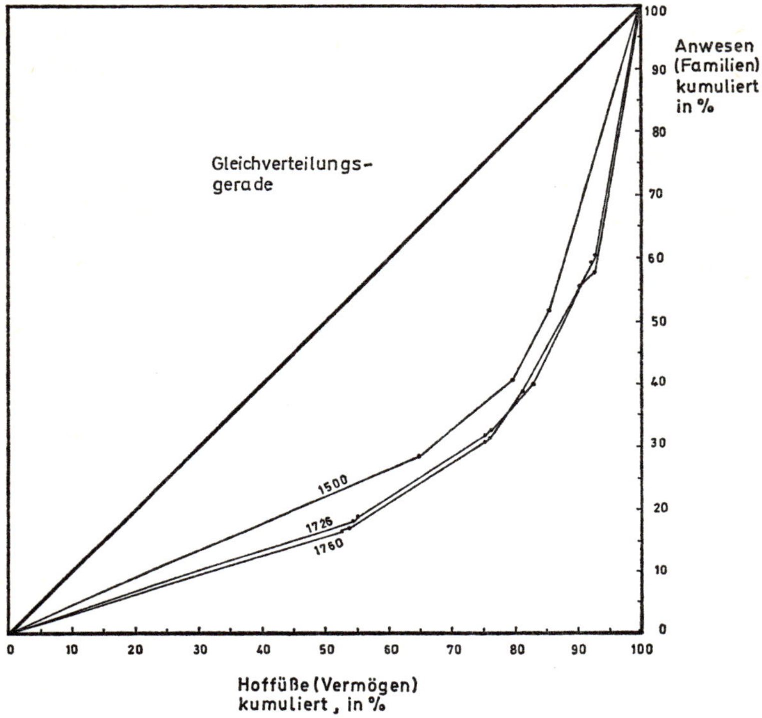

Lorenzkurven: Vermögensverteilung der landgerichtsunmittelbaren Gebiete des altbayer. Landgerichts Dachau nach E. Schremmer

Ursprungsvektoren sind vom Ausgangspunkt aus durch Länge und gleichzeitig durch Richtung, d. h. Winkel, zur Grundgeraden unterschieden. Beispielsweise bezeichnet für einen Bergamtsbezirk um 1860 die logarithmische Länge der Pfeilstrecken für Steinkohle, Braunkohle, Eisenerz die jeweiligen Beschäftigtenzahlen, die Drehung im Uhrzeigersinn die Erzeugungsmenge (Vollkreis = höchste vorkommende Gesamterzeugung, 1° = 10 000 to).

Die Soziologie kennt zur Darstellung der Innenvorgänge einer begrenzten Gruppe ein soziometrisches Interaktionsschema der Personen und Kontakthandlungen sowie die Veranschaulichung von gegenseitiger Anziehung und Abstoßung im Soziogramm, das Richtung, Stärke und Reichweite der Beziehungen durch Pfeile und Symbole, Kernbildung durch Zeichenverdichtung, Autoritätsbeziehungen durch Sternanordnung wiedergibt. Die Sozialgeschichte kann historische Soziogramme entwerfen, wo sie gleichzeitig Meinungsäußerungen z. B. in Abstimmungsergebnissen

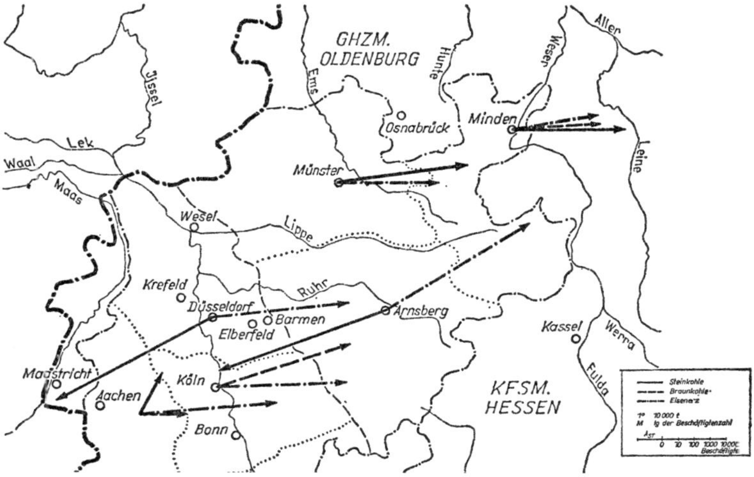

Vektorendarstellung: Montanindustrie im nördlichen Rheinland und Westfalen (1860) nach U. Michel

eindeutig zu klassifizieren und in geistige Standortbilder der Abstimmenden zu übertragen vermag.

Auch mathematische Modelle räumen Fehlerquellen im quantitativen Material ein (e = Irrtumsspanne). Sie können auch bei mechanischer Datenverarbeitung entstehen. Zum Quellenmaterial gehören nun auch Lochkarten („Das Loch als Geschichtsquelle“) und Steuerungsbänder automatischer Rechenmaschinen. Ein Hinweis auf die Probleme beim Einsatz der elektronischen Datenverarbeitung, des programmgesteuerten Prozeßrechners, für Zwecke der Wirtschafts- und Sozialgeschichte muß auch in methodischer Hinsicht hier noch eine Stelle finden.

Daten sind als solche nominal (qualitativ), Intervalldaten (numerisch-quantitativ) oder ordinal (sog. Ordnungsdaten, gemischt). Voraussetzung ist zunächst, daß die Daten sämtlich in eine Standardform gebracht, chiffriert werden, daß also Namen, Wörter, Summen usw. in Codes von einstelligen Zahlen übersetzt werden, auch Nominaldaten u. U. nur unter „ja“ (1) – nein (0). Die Struktur der Programmiersprachen für die „mitgefütterten“ Befehle für die Verarbeitung der Daten ist technisch zugänglicher geworden; nicht mehr maschinen-, sondern problemorientierte algebraische Formelsprachen erlaubten die präzise Formulierung von Rechenverfahren (Algorithmen) und wurden von einer eigenen (generellen) Semantik begleitet (FORTRAN = Formula translation, mathematisch-technisch, COBOL = Common Business Oriented Language, nicht-statistisch und mehr verbal-kaufmännisch, und ALGOL = Algorithmic Language). Soweit man für die Übertragung der Codierung in ein computerverständliches Programm nicht die persönliche Hilfe eines Datenverarbeiters (Systemanalytikers) vorzieht, kann man sich eigenes Programmieren durch Benutzung vorgefertigter Programmpakete erleichtern. Eine solche einfache Schablone für Zwecke der Sozialwissenschaften, auch Geschichts- und Sprachwissenschaft, ist z. B. die Packung DATATEXT der Harvard-Universität. Sie nimmt auch unvollständige und Text- und Zahlendaten nebeneinander zur Übersetzung an; allerdings ist die Programmkonserve „einheitsgebunden", d. h. außerstande, von den Original-Erfassungsgrößen der codierten Quellen (Haushalt, County usw.) abzuweichen und Einzelglieder daraus zu disaggregieren und anders wieder zusammenzufügen. Vor kurzem ist auch ein selbsteinstellendes Speichergerät zur Erkennung handgeschriebener Zeichen in bestimmten Grenzen erfunden worden.

Die Wissenschaft der sog. Informatik faßt Praxis und Theorie der Datenverarbeitung zusammen. Hinter dem Computer als un- oder halbselbständiger „Denkmaschine" und seinen Programmen steht die Wissenschaft der Kybernetik (das Wort 1948 vom griechischen für Steuermann abgeleitet). Es ist die Lehre von den Wirkungskreisläufen, die auf Regel- und Informationstheorie aufbauend die Verhaltensstruktur komplexer selbstregulierender Kommunikationssysteme maschinell untersucht. Sie behandelt Kommunikationskanäle oder Steuerungsprozesse in Maschinen, Nervensystemen und menschlichen Gesellschaften als grundsätzlich gleichartig und daher mathematisch vergleichbar; eine wichtige Brücke wurde hier *K. W. Deutsch*s „politische Kybernetik". Eine betriebswirtschaftliche Anwendung ist die moderne Unternehmensforschung (Operations research). Die möglichen Regulierungsverfahren der Kybernetik zur Aufrechterhaltung der Sollwerte sind Störungseliminierung, Störungskompensierung und Regelung; die Dynamik des Regelungsprozesses kennt mit dem Zeitverzug der Reaktion (time-lag) und der Rückkopplung auch ein geschichtliches Element. Zweifelhaft ist allerdings die Möglichkeit der nachträglichen Ausschaltung von Verzerrungen der historischen Daten eines vergangenen Regelkreises durch kybernetische „Entstörung" mittels Simulationsmodells.

Zur – technisch vergleichsweise schlichten – praktischen Anwendung des Computers im Rahmen der quantitativen Geschichte hat die Einführung *E. Shorters* vernünftigerweise geraten, Analysen anhand von weniger als 200 Fällen und von weniger als 10 Merkmalen (Variablen) „mit Hand" zu machen; für ganz einfache Zählauswertungen genügt auch die Lochkartensortiermaschine. Unproblematisch ist die automatische Registerherstellung für Serienakten (Datenindex). Unter den für Massenzählprozesse gebotenen Computer-Beispielen gehören die meisten der Politikwissenschaft, der parlamentarischen Wahl- und Abstimmungsgeschichte an, mit dem Interessenhintergrund künftiger Voraussage-Ermöglichung. Eine weitere Gruppe von Forschungen betrifft Vermögensentwicklung und soziale Mobilität nach jeweils tausenden von Einzelschicksalen aus Städten und anderen Verwaltungsbezirken seit dem 17./18. Jh. Für uns ist etwa eine amerikanische Analyse *Th. K. Rabbs* über die Investition in der englischen Schiffahrt 1575–1630 wichtig (Enterprise and Empire, 1967). Er brachte aus den Listen von über 30 Handelsgesellschaften rund 8700 Investoren nach kommerzieller Anteilnahme und sozialem Standort und Parlamentsmitgliedschaft auf Karten und erwies mit dieser „Kollektivbiographie" eine unerwartet große Rolle der Kleinanleger.

Eine zu lochende Codierung sah dabei wie folgt aus (bei Shorter):

Nr. 1– 5	8 4 5 3	Identifizierungsnummer
Nr. 6– 8	5 2 3	5 = Merchant-knight, Ritter seit 1623
Nr. 9–32		(Parlamentssitzungen)
Nr. 33–59	W 8 C L 4	W = Frobisher & Venturer 1576, 2mal, C = Senegal Company 1588, L = New Merchant Adventurers 1616
Nr. 60–68	0 4 3	Mitgliedschaften in East India, Virginia, Levant Comp.
Nr. 69	7	Mitgliedschaft in der Royal Commission for Trade, 7mal
Nr. 70–72	–	(Zweifel und Fragen)
Nr. 73–78		(Gesamtzahl der obigen Mitgliedschaften)

Die Lochungen ermöglichen natürlich das jeweilige Auswerfen aller Namen, die unter einem der Gesichtspunkte zusammen eine Gruppe bilden, und die Errechnung des Anteils dieser Gruppe an der Gesamtzahl.

Der Autor begründete dann ein Historical Data Center an der Universität Princeton. *Charles Tilly* und *E. Shorter* bearbeiten in Kanada aufgrund der französischen Streikstatistik 1890–1960 und der Einzelangaben seit 1830 rund 40 000 Streiks nach je 15 Fragestellungen und gesondert nach 11 Hauptindustriezweigen und 90 Departements (The Shape of Strikes in France 1830–1960, in: Comparative Studies in Society and History 13, 1971). Der Computer errechnete u. a. aus den 40 000 gut codierten Lochkarten in rund 16 Minuten den Prozentsatz der Streikenden auf je 100 000 Arbeiter (Streikrate) im Teilzeitraum 1890–1935.

Gut sind die Voraussetzungen für erfolgreiche elektronische Datenverarbeitung in der Genealogie und historischen Demographie; die Personenstandsquellen der letzteren sind besonders standardisiert und darum leicht quantifizierbar. Eine französische Studie von *E. Gautier* und *L. Henry* über eine normannische Pfarrei seit dem 17. Jh. ging 1958 voran. Auch hier geht es zugleich um Grundsatzerkenntnisse über den Einfluß sozialer und wirtschaftlicher Faktoren auf das sog. generative Verhalten. Die überzeugendste deutsche Großforschung ist die von *W. Köllmann* in Bochum geleitete „Fütterung" des seit 1889 in über 150 Bänden erschienenen Deutschen Geschlechterbuchs mit über 3000 Stammfolgen bürgerlicher Familien.

Außer Zählungen leistet der Computer für die Wirtschafts- und Sozialgeschichtsforschung auch die Berechnung von Beziehungen und numerischen Gleichungen. Beispiele dafür bietet besonders die amerikanische historisch-ökonometrische Forschungsrichtung. Sie gewann etwa die Veränderungsrate im Wirtschaftsoptimismus der Sklavenhalter der südlichen USA und ihre Wirkung auf die Sklavenpreise 1830–1860 aus Zusammenfütterung von Lohndurchschnitten, gewogenen Sklavenpreisen und einer Investitions-Ratengleichung.

So berechtigt die Kulturkritik an einer technikhörigen sog. Computerzivilisation der Gegenwart ist, so unergiebig erscheint eine Parteibildung „Für Computer" – „Gegen Computer" in der wirtschafts- und sozialgeschichtlichen Forschung oder gar ein Streit zwischen „Wissenschaftlern" und „Gelehrten". Die Aufgabe liegt in der kritischen Meisterung und Funktionsabgrenzung des neuen „szientistischen" Werkzeugs, das nicht notwendig allein der Enthumanisierung dienen muß.

Literatur:

Allgemein: *R. Mayntz – K. Holm – P. Hübner,* Einführung in die Methoden der empirischen Soziologie (^{2}1971). O. *Morgenstern,* On the Accuracy of Economic Observations (Princeton ^{2}1963). *E. Wagemann,* Narrenspiegel der Statistik (1950, Systematik der statist. Fehler). *R. Wagenführ,* Wirtschafts- u. Sozialstatistik, 2 Bde. (1970/72, Beispiel BRD). *B. Schiller – B. Odén,* Statistik för historiker (Stockholm 1970). *H. Eichhorn,* Statistische Berechnung relativer und absoluter Prägezahlen aus Münzfunden, Hamburg. Beiträge zur Numismatik 21 (1967). Zur Einführung ins Indexproblem *P. Flaskämper,* Art. Indexzahlen in: Handwörterbuch der Sozialwissenschaften 5, 1956, und O. *Anderson,* Zeitreihenanalyse, ebenda 12, 1965.

Als Beispiele: *F. Crouzet,* Essai sur la construction d'un indice annuel de la production industrielle française au XIXe. siècle, Annales 25 (1970). *A. Gerschenkron,* Description of an Index of Italian Industrial Development 1881–1913, in: Economic Backwardness in Historical Perspective (Cambridge M. 1962). Zur Entwicklung des Teilwertprinzips *H. Koch,* Zur Problematik des Teilwerts, Zs. f. handelswissenschaftl. Forschung N. F. 12 (1960).

G. Philippi, Produktivität und Produktion, Zs. Konjunkturpolitik 10 (1964). *K. Borchardt,* Produktivitätsmessung für die vorindustrielle Zeit, Jahrb. f. Nat. ök. u. Stat. 184 (1970). *G. Bry – C. Boschan,* Cyclical Analysis of Time Series: Selected Procedures and Computer Programs (New York 1971). *K. Ganzhorn – W. Walter,* Die geschichtliche Entwicklung der Datenverarbeitung, Jahrbuch des elektr. Fernmeldewesens 1966. *B. Galler – A. Perlis,* A View of Programming Languages (1970). *E. Shorter,* The Historian and the Computer. A Practical

Guide (Toronto 1971, System IBM-Lochkarten). *J. Purš*, Historie a kybernetika, in: Zs. Československý časopis historický 9 (1961). Ders., Historie, teorie informace a výpočetní technika (Geschichte, Informationstheorie und Rechentechnik), in: Kybernetika ve společenských vědách (Kybernetik in d. Gesellschaftswissenschaften), hsg. v. Arab-Ogly, Kolman, Zeman (Prag 1965, mit engl. Zus.fassg.).

Zeitschrift: Computers and the Humanities (seit 1966, USA).

M. Gillet, Techniques de l'histoire économique. Exécution et commentaires de graphiques (Paris 1962, mit Atlasheft). *U. Michel*, Zur Problematik der montanhistorischen Wirtschaftskarten, Freiberger Forschungshefte D 59 (1967).

IX. Besondere Berührungspunkte von Theorie und Geschichte: Konjunkturtheorie

In der Folge werden einige Verbindungen zwischen heutigen allgemeinen Einzeltheorien und der Wirtschafts- und Sozialgeschichte bis zum Ersten Weltkrieg – also der eindeutig „anderen" Vergangenheit – aufgezeigt. Wo die Zeitgeschichte des 20. Jhs. als Wirklichkeitsbezug der Theorie genügt, wird von dieser natürlich die nähere Zeit vorgezogen.

Die tatsächlichen und nicht durch Naturereignisse bedingten Aufschwünge und Stockungen in der Entwicklung der Wirtschaft lenkten die Aufmerksamkeit der Theorie auf den Zeitverlauf der Schwankungsvorgänge und seine etwaigen Gesetzmäßigkeiten. Die Konjunkturtheorie entstand aus der begrenzten Krisentheorie. Im Gegensatz zur klassischen Nationalökonomie erkannten zuerst *Malthus* und *Sismondi* die Möglichkeit einer allgemeinen Überproduktion und Absatzkrise an; der erstere suchte den Grund im Übersparen der Reichen, der letztere im Unterverbrauch der Arbeiter. *Marx*' „Kapital" enthielt die Herleitung periodischer Krisen aus dem Wachstum der (industrie-)kapitalistischen Wirtschaft als solchem und der begrenzten Aufnahmefähigkeit des Marktes; er sah eine dauernde Abfolge von Expansion und Krise als gesetzmäßig an, solange keine sozialistische Gesellschaft bestand. Die „Lehre vom Rhytmus der Wirtschaft" erhielt besonders durch die Welthandelskrise von 1857 und die sog. Gründerkrise seit dem Spekulationszusammenbruch von 1873, noch mehr die Weltwirtschaftskrise seit 1929 einen starken Anstoß. Eine dynamische statistische Theorie begann Krisen des 19. Jhs. in Tabellen und Kurven darzustellen und entwickelte dann aufgrund eines empirisch gewonnenen Barometersystems eine Technik der Konjunkturprognose. Eine starke langfristige Einbeziehung der Vergangenheit wurde nötig, als zu den – nach ihren Entdeckern benannten – kurzen oder Lagerzyklus-Wellen und mittleren Konjunkturwellen (1860 *Juglars* und 1923 *Kitchins*, nach Schumpeter durchschnittlich $3^1/_6$ und $9^1/_2$ Jahre) 1926 die langen

Wellen (*Kondratieffs*, nach dem Leiter des russischen Instituts für Konjunkturforschung, 57 Jahre) traten. Der Kondratieffzyklus (1842–97) ließ sich sogar in schematischer Darstellung in Kegelschnittform, als Doppelparabel, wiedergeben. Mit *Schumpeter* und *Keynes* ist hier besonders der Schwede *J. Åkerman* zu nennen. Bezüglich der Schwankungsgründe kämpften lange Überinvestitions- und Unterverbrauchstheorien. Noch 1961 veröffentlichte der amerikanische Theoretiker *J. K. Galbraith* ein Buch über die Weltwirtschaftskrise (deutsch 1963: Der große Krach 1929). Die von *S. Kuznets* für die USA im 19. Jh. 1961 angegebenen rund 20jährigen sog. Kuznetszyklen haben keine allgemeine Aufnahme gefunden.

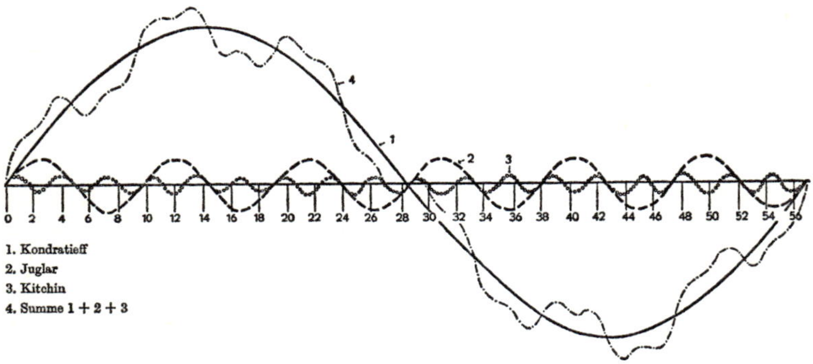

Schema der überragenden Konjunkturzyklen nach L. J. Zimmerman

Allerdings war für die angeführte Konjunkturtheorie die zeitliche Grenze des historischen Rückgriffs gegeben, wo die Vollständigkeit und Zuverlässigkeit der Wirtschaftsstatistik einer Mindestanforderung nicht mehr genügte und wo noch keine größeren einheitlichen Märkte bestanden, d. h. im allgemeinen im späten 18. Jh. Für die vorindustrielle Zeit hat die Pariser wirtschaftshistorische Labrousse-Schule in Anknüpfung an C. Juglar eine besondere Krisentheorie entwickelt, derzufolge der Konjunkturablauf „alten Typs“ durch Mangelkrisen wegen schlechter Ernte bestimmt war, also das Wetter als exogener, außenbestimmter Konjunkturfaktor hervortrat. Alle Versuche, lange Wetterzyklen nachzuweisen, sind bisher gescheitert.

Als Ursache der Konjunkturbewegung wurden seit *Wicksell* auch Geldmarktvorgänge stärker beachtet. M. Friedman zeigte an der nordamerikanischen Entwicklung 1867–1960 auf, daß ziemlich jedem Abschwung ein Rückgang des Geldumlaufs vorangegangen und jeder Geldausweitung ein Aufschwung gefolgt war. Seit dem epochemachenden Werk von *Keynes* angesichts der großen Weltwirtschaftskrise sind dynamische Zyklenmodelle mit Verbindung von Multiplikatoren und Akzeleratoren entwickelt worden, die den Zeitbedarf der Auswirkung (t) berücksichtigen, und werden schließlich auch die sozialpsychologischen Einwirkungen beobachtet. Der Hinweis auf die „demographische Interaktion" mit der Bevölkerungsentwicklung *(A. Lösch, R. Easterlin)* trat hinzu. Das Grundsatzproblem der Steuerung der Wirtschaftszyklen durch das Bevölkerungswachstum bedarf noch weiterer Erforschung. Die Zeitreihenanalysen der heutigen Konjunkturgeschichtsforschung verwenden etwa eine Zeitreihenformel aus den Elementen Trend, zyklische Bewegungen, Saisonbewegung und Zufallsbewegung. Die Gefahr, durch statistische Mittelwertbildung von Fünfjahresperioden als Forscher Scheinzyklen zu konstruieren, ist erkannt (*I. G. Adelman*). Quantitative Quellengrundlagen und Leitmerkmale bieten nun außer den Preisreihen lange Datenreihen über Verbrauch und Erzeugung ausgewählter Güter, so von Ziegeln für Bauzyklen, und die Bewegungen am Güter-, Kapital- und Kreditmarkt, für das 20. Jh. auch Statistiken über relativen Beschäftigungsgrad der Arbeitskräfte und Auslastung der Produktionsanlagen.

Da die Gegenwartsbedürfnisse der Schwankungsbewältigung durch sog. Konjunkturstrategie immer wieder auf Fristvoraussagen hindrängen, entsteht aus dem Nichteintreten theoretischer Pauschaltermine immer von neuem eine fruchtbare Auseinandersetzung zwischen Theorie und Wirtschaftsgeschichte. Die stärksten exogenen Störungsfaktoren im Zyklenablauf sind große Kriege und ihre Folgejahre geblieben; die Weltkriege haben Kitchin- und Kondratieffzyklen völlig verzerrt. Die lange Dauer des Nachkriegsaufschwungs seit dem letzten Weltkrieg hat andererseits den Glauben an eine gezielte Ausschaltbarkeit der Tiefabschwünge überhaupt vermehrt.

Die modernen Wachstumstheoretiker haben gelegentlich über „Wellenmystik" der Konjunkturtheorie gespottet. Auch in jüngsten Rezessionen, d. h. milderen Abschwüngen, pflegte jedoch die Lehre vom Zyklus jeweils wieder vermehrte Aufmerksamkeit zu finden. Man könnte geradezu von einer pessimistischen und einer optimistischen Theorie der wirtschaftlicher Entwicklung im Industriezeitalter sprechen.

Literatur:

In die Problemstellungen führt der Auswahlband Konjunktur- und Beschäftigungstheorie, hsg. v. *W. Weber* (1967) ein (Neue Wissenschaftliche Bibliothek 14), kurz *W. A. Jöhr*, Konjunktur I im Handwörterbuch der Sozialwissenschaften 6 (1959).

Zu Marx' Krisentheorie s. *E. Preiser,* Das Wesen der Marx'schen Krisentheorie in: Wirtschaft u. Gesellschaft. Festschrift F. Oppenheimer (1924).

G. Imbert, Des mouvements de longue durée Kondratieff (Aix/P. 1959, Forschungszusammenfassung). *U. Weinstock,* Das Problem der Kondratieff-Zyklen. Ein Beitrag zur Entwicklung einer Theorie der langen Wellen (1964). *J. Åkerman,*

Structures et cycles économiques (frz. Paris 1955). *I. G. Adelmann*, Long Cycles – Fact or Artifact? American Economic Review 60 (1965). *M. Abramovitz*, The Passing of the Kuznets' Cycle, Economica 35 (1968).

X. Entwicklungstheorie: Wachstumstheorie, Industrialisierungstheorie

In Ablösung der Konjunkturtheorie und als modernste Form einer wirtschaftlich-sozialen Entwicklungstheorie hat die Wachstumstheorie seit dem Zweiten Weltkrieg durch ihre Zeitabfolge-Orientierung für die Wirtschaftsgeschichte große Bedeutung gewonnen. Sie ist eigentlich eine wirtschaftliche Entwicklungstheorie, in welche Produktions- und Verteilungstheorie eingebaut wurden, vor allem aber der in der Zeit zunehmende kapitalsparende und/oder arbeitsparende Faktor Technischer Fortschritt. Die nichtmarxistische Richtung der Wachstumstheorie betont die Verteilung der Einkommensströme, den Verbrauch und das Sich-selbst-in-Ganghalten des Wachstums, die marxistische die Produktionsstruktur. Gegenstand der Theorie sind die Gesetze der langfristigen und gleichgewichtigen Höherentwicklung des Sozialprodukts; sie will eine Theorie des stetigen Trends sein und abstrahiert daher gern von Konjunkturschwankungen, die sie nur als Wachstums-Schnaufpausen ansieht. Ihre Modelle verwenden gern die Symbole G (Growth) = Wachstum, g = Wachstumsrate und Θ = (autonomer?) „technischer Fortschritt", worunter oft der gesamte unerklärte Rest einer Produktionsfunktion neben Kapitalbestand und Arbeitsmenge verstanden wird, jedenfalls nicht nur die Erfindung und Verbesserung der Maschinen.

In die Wachstumstheorie sind immer weitere Koeffizienten, Multiplikatoren und Akzeleratoren eingebaut worden. Der Engländer *J. Hicks* suchte sie mit der Konjunkturtheorie zu verbinden, indem er zyklische Wellen um einen „Wachstumspfad" schwingen (oszillieren) ließ. Die Theorie hat auch erkannt, daß ein Pauschal- oder Globalmodell die Gesamtentwicklung einer Volkswirtschaft kaum voll erklären kann. So kam man zu Sektoralmodellen, etwa getrennt für Konsumgüter- und Kapitalgüterindustrie, und erfaßte auch Zusammenhänge von Wachstum und Strukturwandlungen einer Volkswirtschaft; aus diesen Sektoralmodellen wurden komplizierte multisektoriale Modelle zusammengesetzt. Auch mit disaggregierten Regionalmodellen wird versucht, die Theorie der Wirklichkeit näher zu bringen, d. h. sie für die tatsächliche Gestaltbarkeit harmonisierten Wachstums brauchbarer zu machen. Ein Hauptvertreter der Wachstumstheorie, der britische Keynesianer *R. Harrod,* hat sogar das Programm aufgestellt, sie sollte auch die soziologischen Auswirkungen des wirtschaftlichen Fortschritts, den Beitrag der sozialen Rahmenbedingungen und der Ausbildung, das politische Sicherheitsbedürfnis, die Zweckmäßigkeit konjunkturpolitischer Staatseingriffe und die Bedeutung ethischer Normen und der Korruption einbeziehen. Der Reichtum an Variablen, der eine Lichtseite der Historischen Schule gewesen war, sollte so in moderne Modelle nach Möglichkeit zurückgeholt werden. Die Kritik wandte folgerichtig ein, damit würde die Ökonomie wieder zu einer „dunkleren" Wissenschaft.

Gleichwohl hat die Wachstumstheorie nicht eigentlich das Anliegen, eine Kausalerklärung des historischen Entwicklungsprozesses kapitalistischer Wirtschaftssysteme zu liefern. Sie beschäftigt sich auch im allgemeinen nicht mehr mit einem bestimmten Entwicklungsstadium einer Volkswirtschaft, sondern nur mit der entwickelten. Insofern ist sie nur bedingt für Entwicklungspolitik in bisher rückständigen Ländern verwendbar. (Die Abgrenzung des Begriffs „Entwicklungsland" ist ein Theorieproblem für sich!). Ihre Zeitinteressen gehen vorzugsweise in die Zukunft, jedenfalls kaum vor 1800 zurück. Besonderes Interesse verdient ein Wachstumsmodell mit numerischer Berechnung von W. *Krelle* (1965), das die Entwicklung von Bevölkerungszahl, Kapitalbestand, Kapitalkoeffizient (Kapitalbestand im Verhältnis zum Bruttosozialprodukt) und Sozialprodukt in den Jahren 1–2000 darstellte. Dieser Zeitraum ist kein historischer, sondern ein künstlicher unter den Bedingungen industrieller Wirtschaft im Reifestadium und ohne Berücksichtigung möglicher Störungen von außen her. Für die Bevölkerungsentwicklung angesichts des Nahrungsspielraums wurden tierpsychologische Untersuchungen verwertet. Die Darstellung erfolgte in Kurvenform in drei Variationen je nach der 0,005 = ½% zunehmenden, ½% abnehmenden oder sofort entfallenden Rate des technischen Fortschritts; die theoretischen Voraussagen reichen etwa 1200 Jahre weit.

Andere Theoriengruppierungen hat die Entwicklung der modernen Entwicklungshilfe an wirtschaftlich unterentwickelte Länder hervorgerufen. Sie brachte – zeitlich etwa mit der planmäßigen Industrieförderung im „sowjetischen Orient" (Russisch-Asien) zusammenfallend – verstärkte Antriebe, eine *Theorie der Industrialisierung* zu finden. Dabei wurde vielfach die Frage an die europäisch-nordamerikanische Wirtschaftsgeschichte des 18./19. Jhs. gestellt, ob sie ein nachahmbares Modell für Entwicklungsländer sein könne. Als natürliche Regel erwies sich realtypisch der Beginn des Industrieaufbaus in der Gruppe der Verbrauchsgüterindustrien (Textil, Nahrungsmittel) mit ihrem geringeren Bedarf an Anlagekapital und qualifizierter Arbeitskraft. Eine Sonderfrage ist die Möglichkeit von Sprüngen zur Auslassung einzelner Entwicklungsschritte. Auch zeigte sich, daß die zunächst oft unkritisch angestrebte technische Anwendung der „Wachstumskniffe" auf die Entwicklungsländer noch weiterer historisch-soziologischer Relativierung der Theorie bedarf.

Literatur (vgl. auch S. 103):
Einen guten Überblick über die Forschungsansätze der Wachstumstheorie gibt die Textauswahl: Theorie des wirtschaftlichen Wachstums, hsg. v. A. König (1968, Neue Wiss. Bibliothek 23), darin *W. Krelle,* Beeinflußbarkeit und Grenzen des Wirtschaftswachstums, und die hübsche „Fabel für Wachstumstheoretiker“ von *E. Phelps,* Die goldene Regel der Akkumulation; vgl. auch den Artikel Wirtschaftswachstum von *G. Bombach* im Handwörterbuch der Sozialwissenschaften 12 (1965). Tatsachenbetont *W. A. Lewis,* The Theory of Economic Growth (Homewood/Ill. – London 1955, deutsch 1956).

Die Brücke zur Wirtschaftsgeschichte schlagen die Sammelbände: The Economics of Take-Off into Sustained Growth, hsg. v. W. W. Rostow (London 1963); Tagung der International Economic Association: Großbritannien, USA, Frankreich, Deutschland, Rußland, Japan, Brasilien) und: The Experience of Economic Growth. Case Studies in Economic History, hsg. v. B. E. Supple (New York 1963: Großbritannien, USA, Frankreich, Italien, Japan, Rußland).

Zur Industrialisierungstheorie bes. *S. Klatt,* Zur Theorie der Industrialisierung (1959). *W. G. Hoffmann,* Stadien und Typen der Industrialisierung (1931). Entwicklungshilfe: *K. Borchardt,* Europas Wirtschaftsgeschichte – ein Modell für Entwicklungsländer? (1967).

Die neoklassische Wachstumstheorie sucht als Schüler *W. G. Hoffmanns* am historischen Stoff als unzureichend nachzuweisen: *B. Gahlen,* Die Überprüfung produktionstheoretischer Hypothesen für Deutschland (1850–1913). Eine kritische Untersuchung (1968).

Marxistisch: Zu Grundfragen der sozialistischen Wachstumstheorie, hsg. v. *H. Maier – G. Schilling – K. Steinitz* (1968).

XI. Ausgewählte Einzeltheorien

Allgemeintheoretische Kontakte zur Geschichte müssen sich nicht von vornherein auf langfristige Verläufe als Hauptgegenstand beziehen. Das „Warenhaus der Theorie“ enthält manches weitere Angebot, auch wenn Theorien ausgeklammert werden, die durch die Wandlung der Tatsachenwelt selbst in die Lehrgeschichte (Kap. B. VI) verwiesen wurden. So offene Zusammenhänge wie der von *Preistheorie* und Preisgeschichte bedürfen keiner weiteren Erklärung (s. o. B. III, S.). Andere Beispiele scheinen hier aufschlußreicher. So wurde in nur grob numerisch festgelegter Weise durch Vergleich einer europäischen Stadt in ihren Verhältnissen von etwa 1300 und 1800 die Aussage der *Markttheorie* geprüft und belegt, daß das Ausmaß der Zunftsonderung und der Arbeitsteilung eine Funktion der Marktgröße sei (die auch die Preistheorie interessiert) – allerdings unter der Vorstellung der idealtypischen *Bücher*schen „geschlossenen Stadtwirtschaft“ (s. D. XIII). Dem entspricht das soziologische „Gesetz der wachsenden Historizität“, demzufolge die innere Individualität geschichtlicher Sozialgestalten mit ihrem Umfang und ihrer Entfaltungsdauer wächst; dieses Wachstum kann wiederum in einem Gesetz der wachsenden sozialen Einheiten in der Geschichte begründet gesehen werden.

Die Stadt ist auch der natürliche Hauptgegenstand der von *Eucken* ausgebauten Marktformentheorie, die auf der Angebots- wie auf der Nachfrageseite, in geschlossener oder offener Wirtschaft, je fünf Stufen der Begegnung vom vollständigen Wettbewerb bis zum Monopol und „Monopson" bildete und die jeweiligen Abläufe verfolgte. Die Handelsgeschichte zeigt fast alle möglichen Mischungsverhältnisse der Typen. Eine dynamische Theorie der Marktformen hat sich vor allem mit der Frage zu beschäftigen, ob es eine Gesetzmäßigkeit des Hanges zur Monopolbildung gibt, und analysiert dafür die besonders im 19. und 20. Jh. auftretenden Konzentrationsvorgänge.

Mit der Entfaltung der Stadt als Ballungsraum (Faktor- und Unternehmensagglomeration) befaßt sich ferner die *Raumwirtschaftstheorie*; sie zieht dabei die Verkehrsgeschichte mit heran und untersucht auch ganze Regionen als Raumsysteme. Da sie trotzdem nicht alle Mittelpunktsbildungen kausal erklären kann, muß sie nicht selten mit gezielten Fragen an die Ortsgeschichte wie auch an die historische Siedlungsgeographie herantreten. Raumvorstellungen benötigt auch die wirtschaftliche *Integrationstheorie*. Für diese – die staatsrechtliche Integrationstheorie bleibt hier außer Betracht – ist der Seeverkehr der Hanse mit vergrößertem Schiffsraum als Beispiel gesteigerter wirtschaftlicher Interdependenz im Raum erörtert worden oder hat man Eisenbahnsystem und Deutschen Zollverein analysiert, letzteren auch als nationalen Vorläufer der heutigen EWG-Integration. In der Integrationstheorie *G. Myrdals* überkreuzen sich rein wirtschaftliche Integrations- und soziale Desintegrations- bzw. nationale Sonderintegrationsantriebe.

Die *Geldtheorie* zerfällt ebenfalls in eine ökonomische und eine juristische. Die erstere entwickelte schon im 16. Jh. neben der Warenauffassung des Geldes (*Gresham*sches Gesetz) angesichts der „Preisrevolution" der Zeit eine Quantitätstheorie des Geldwertes, die dessen Sinken mit dem Zustrom von Gold und Silber aus Iberoamerika in Verbindung brachte. Der zusätzlich entdeckte Geldwertfaktor der Umlaufgeschwindigkeit war zeitlicher Art und zwang die Quantitätstheorie zu geschichtlicher Beobachtung. Zu ihrer Stützung wird bis heute auf die großen Inflationen der neueren Jahrhunderte verwiesen; in den 1960er Jahren wurde sie in den USA wiederbelebt. Inwieweit der zuerst im 13. Jh. in Italien auftretende Handelswechsel als Kreditpapier und Hilfszahlungsmittel Geld oder Geldersatz ist, blieb theoretisch umstritten. Auch die Mitberücksichtigung des Geldwertbewußtseins, also der Psychologie, regte zum Vergangenheitsvergleich an. Erst recht tat dies schließlich in Verknüpfung mit der Konjunkturtheorie eine kreislauftheoretische Erklärung des Geldwertes.

Für den jüngsten Zweig der Geldtheorie, die Geldwirkungslehre, sind aus älterer Zeit namentlich historische Belege für eine Wachstumsfunktion langfristiger Geldschöpfung von Interesse. Die *Friedman*-These vom Zusammenhang langer Wellen in den Wachstumsraten von Geldmenge und Gütererzeugung seit 1870 ruft nach Überprüfung außerhalb der USA. *A. Forstmanns* These, eine Theorie des Geldes könne überhaupt nur eine wirtschaftsgeschichtliche sein, meinte freilich nur das Auftreten verschiedener Geldformen in der Geldwesenslehre.

Aus der *Produktionstheorie* ist vor allem das von *Turgot* formulierte Gesetz vom abnehmenden Bodenertragszuwachs (von einer bestimmten Grenze des Arbeits- und Kapitaleinsatzes an) in der Entwicklung des landwirtschaftlichen Anbaus zu nennen; die Grenznutzenschule hat es als Sonderfall eines allgemeinen Ertragsgesetzes eingeordnet. Die volle Auswertung für jeweils bestimmte Wachstumsperioden ist nur bei Gleichbleiben der Produktionsdauer möglich. Das Bodenertragsgesetz (Gesetz der Proportionalität der Produktionsfaktoren) ist immer wieder mit den Übervölkerungs- und Übersiedlungserscheinungen vor der großen Pest im 14. Jh. und mit denen des 18. Jhs. in Verbindung gesetzt worden, die auch *Malthus* zu seiner Bevölkerungstheorie führten. *Thünen* konnte es aber auf seinem mecklenburgischen Gut durch Erprobung mit Steigerung des Landarbeiter- und Düngereinsatzes wegen der Preisschwankungen nicht bekräftigen. Zum Massenwirkungsgesetz der physikalischen Chemie steht es im Widerspruch.

Besonderes „Interesse finden nach wie vor bestimmte Einzeltheorien, die in *Marx'* „Kapital" zusammen mit der unter D XIV. behandelten allgemeinen Entwicklungstheorie und der Konjunkturtheorie in ein historisch eingeordnetes System eingebaut sind. Seine handschriftlich hinterlassenen Theorien über den Mehrwert gelten als 4. Band des Kapitals und bauten die liberale Arbeitswerttheorie Ricardos zur sozialistischen *Mehrwerttheorie* aus. Die Untersuchung des absoluten und relativen Mehrwerts als Unterschied zwischen Erzeugungswert und Unterhaltskosten der Arbeitskraft bedingt Studien über Arbeitszeit, Arbeitsorganisation, -intensität und -produktivität und Lohn. Die These der Ausbeutung macht die Mehrwertlehre – die *Schumpeter* schon 1942 „tot und begraben" sehen wollte – zur Interessentheorie, der Gesichtspunkt der vorgeblichen fortschreitenden Verschlimmerung nötigt zum historischen Vergleich. Die Akkumulation des Kapitals kann dann als (auch in der sozialistischen Gesellschaft mögliche) Kapitalisierung des Mehrwerts gefaßt werden, ist aber jedenfalls ein Vorgang in der Zeit. Noch deutlicher gilt das von der Kapitalkonzentration. Die sog. *Verelendungstheorie* kennt klar die Behauptung einer absoluten Verelendung der Arbeiter, d. h. eines langfristigen Fallens der Reallöhne, erst in der Marxauslegung des deutschen Revisionismus und russischen Leninismus. Marx selbst behauptete relative Verelendung,

d. h. relativen Rückgang des Anteils der Löhne am industriellen Nettosozialprodukt. Die Zusammenbruchstheorie des Kapitalismus, die negatives und positives Zeitalter scheidet, hat natürlich durch schwere Krisen, namentlich die Weltwirtschaftskrise, vorübergehenden Auftrieb erhalten, ist aber mehr politisch-philosophische Prophezeihung als Wirtschaftstheorie.

Für die Sozialgeschichte bedeutsam ist die soziologische *Revolutionstheorie,* die an der ersten englischen, französischen und russischen Revolution entwickelt wurde; in dieser speziellen Konflikttheorie zeigt sich der Antrieb der Soziologie als Krisenwissenschaft besonders deutlich. Sie erkennt in der Folge von Anstieg und Radikalisierung, Gipfel und Abstieg bzw. Erstarrung von Formen neuen Rechts eine innere rationale Gesetzmäßigkeit der revolutionären „Katastrophen" im politisch-sozialen Wandel. Von *Marx* führt der Weg bis zu *Maos* Lehre vom „langen Marsch" durch die Institutionen. Die sog. industrielle Revolution hat natürlich andere Gesetzlichkeiten (s. u. C. X.).

Literatur:

Zur Preistheorie *J. Fourastié,* L'Evolution des Prix à long terme (Paris 1969). Zur Markttheorie *F.-U. Willeke,* Entwicklung der Markttheorie. Von der Scholastik bis zur Klassik (1961). Zur Integrationstheorie *B. Balassa,* The Theory of the Economic Integration (London 1962), historisch zugänglicher auch *G. Myrdal,* Internationale Wirtschaft (1958). Vgl. *K. Borchardt,* Integration in wirtschaftshistor. Perspektive, in: Weltwirtschaftliche Probleme der Gegenwart. Verh. d. Vereins f. Socialpolitik 1964 (1965). *Ch. Rist,* Histoire des doctrines relatives au crédit et à la monnaie depuis J. Law jusqu'à nos jours (Paris ²1957), deutsch (Bern 1949), engl. (New York 1966). *R. Gonnard,* Histoire des doctrines monétaires (Paris 1935). *J. Meyer,* Geldwertbewußtsein und Münzpolitik. Das sog. Greshamsche Gesetz im Lichte der ökonom. Verhaltensforschung (1957).

Zu Marx – außer der Literatur zu B VI., C. IX. und D XIV – *I. Fetscher,* Der Marxismus in Dokumenten (1968). *W. Tuchscheerer,* Bevor „Das Kapital" entstand. Die Herausbildung u. Entwicklung der ökonom. Theorie von K. Marx in der Zeit von 1843–1858 (1968).

R. Nürnberger, Lenins Revolutionstheorie, Marxismusstudien 1 (1954). *C. Brinkmann,* Soziologische Theorie der Revolution (1948). *H. Arendt,* On Revolution (1963), deutsch 1965. *C. Brinton,* The Revolution and their laws (1953, deutsch 1959), über die engl., amerikan., franz., russ. Revolution. Revolution, hsg. v. *C. J. Friedrich* – Yearbook of the Amer. Society for Political and Legal Philosophy 1966. *P. Calvert,* Revolution (London 1970).

XII. Imperialismustheorie

Eine besonders aktuelle Vereinigung volkswirtschaftlicher und soziologischer Theorie stellt die Theorie des Imperialismus dar, zunächst jener modernen Expansionsbewegung militär-, industrie- und (oder) kapitalstarker Staaten seit etwa 1860/90, die seit dem Buch des sozial-liberalen britischen Volkswirts *John A. Hobson* „Imperialism" von 1902 immer größere Erklärungsanstrengungen herausgefordert hat. Mit einem kultursoziologischen „Gesetz der wachsenden Räume" ist wenig erklärt. Nach der Einteilung *J. A. Schumpeters* (Zur Soziologie der Imperialismen, 1919) kann man politisch-ökonomische und politisch-historische Theorien unterscheiden. Die letzteren, denen er selbst zuneigte, gingen davon aus, daß dem Imperialismus besonders in seinem Auftreten als Kolonialismus zur vollen Entfaltung außerwirtschaftliche Triebkräfte unentbehrlich waren, so übersteigerter Nationalismus und reiner Wille zur Machtausübung. Er nahm zwar einen sozialen Klassencharakter im Imperialismus an, betonte aber, daß es sich dabei um durchaus irrationale Bestrebungen handle, d. h. um den Wiedereinbruch von vorkapitalistischen, auf Krieg und Eroberung, auf Herrschaft um des Herrschens willen eingestellten Kräften in das moderne, natürlicherweise vom Weltfreihandel bestimmte Wirtschaftsleben. Diese Kräfte verbündeten sich mit den Überresten merkantilistischer Politik wie Monopolen, Schutzzöllen und Autarkiegedanken. Der Kapitalismus, der seinem Wesen nach rational und antiimperialistisch sei, der die freie Weltwirtschaft ermögliche, werde durch diesen Rückfall gestört und aufgehalten. Schon der revisionistische Sozialist *F. Mehring* hatte eingeräumt, daß das Zeichen des fortgeschrittensten Kapitalismus eigentlich der Antiimperialismus sei; im Grunde wolle der wirtschaftliche Eroberungswille des Hochkapitalismus in der Tat gerade die Staats- und Reichsgrenzen hinter sich zurücklassen, um der reinen Wirtschaftsmacht überall offene Türen zu gewährleisten.

Die marxistischen Sozialisten haben grundsätzlich an einer politisch-ökonomischen Theorie mit enger Verknüpfung von Kapitalismus und Imperialismus festgehalten. Nach *E. Preiser* lassen sich drei Zweige der ökonomischen Theorie erkennen. Die erste These leitet den Imperialismus vom modernen Industrialismus her und versteht ihn als den Versuch einer industriellen Nation, den enger werdenden Nahrungsspielraum zu erweitern, sich durch Kolonialpolitik eigene untergeordnete Länder der Nahrungsmittel- und Rohstofferzeugung zu beschaffen, sich dadurch gegen weltpolitisch-wirtschaftliche Erpressung zu sichern. Die anderen Thesen führen den Imperialismus auf das Wesen des Kapitalismus zurück. Die zweite wurde vor allem in einem Buche von *R. Hilferding* über das Finanzkapital (1910) entwickelt, über das in der Großindustrie tätige und mächtige Bankkapital. Der durch das Finanzkapital verstärkte Konzentrationsprozeß führt nicht nur zur Monopolpolitik, sondern auch zur politischen Gewinnsicherung durch Schutzzollpolitik. Der Kapitalexport wird nun rentabler als der Warenexport, doch steigert sich mit dem Gewinn so auch das Risiko der Auslandsanlagen. Das Finanzkapital drängt nach politischer und militärischer Sicherung seitens des Heimatstaates, Kapitalausfuhr aus einem Staate bedingt folglich auch dessen Machtausdehnung. Nicht ganz in diese Theorie paßte das britische Freihandelssystem im „informal empire", und der Marxist *P. M. Sweezy* hat auch auf die finanzielle Verselbständigung großer Industriekonzerne gegenüber den Großbanken verwiesen. Die dritte ökonomische Theorie von *Rosa Luxemburg* (bes. in ihrer Studie über die Kapitalakkumulation, 1913) erblickte im Finanzkapital und Protektionismus nur Oberflächenerscheinungen. Nach ihrer Meinung lagen die Gründe schon in der kapitalistischen Kapitalakkumulation selbst, durch Übersparen und einheimische Verwendung des Mehrwertes mittels Kapitalisierung wieder nur zu neuer Produktionssteigerung. Zur ständigen Mehrwertrealisierung durch Verbrauch war ständiger Absatz an die nichtkapitalistische Welt nötig. Außerdem wird aus dieser zusätzliche Arbeitskraft benötigt. Je mehr das Kapital anschwillt und gleichzeitig gerade durch seine industrielle Überseetätigkeit die nichtkapitalistischen Räume schrumpfen, desto mehr sind die kapitalistischen Mächte zur Gewalt genötigt. Dazu ist am britischen Beispiel (1880–1910) ergänzend geltend gemacht worden, daß Kapitalexport auch aus einer Krisennotlage heraus erfolgen und durchaus als Abhilfemittel gegen industrielle Stagnation im Kapitalexportland wirksam werden konnte, also zum sog. sustentativen Export wurde, der die auswärtige Güternachfrage stärkte.

Die größte Weltwirkung erlangte *Lenins* Schrift über den Imperialismus als (neuestes, dann) höchstes Stadium des Kapitalismus von 1916/17, die von *Hobson, Hilferding* und *A. Parvus-Helphand* beeinflußt war und Endformen des faulenden und sterbenden Kapitalismus verallgemeinern wollte. Eine Sonderfrage blieb, ob sich die imperialistische Haltung tatsächlich auf die Kapitalisten und ihre Interessenpartner beschränkte oder ob nicht ihre Ausbreitung selbst in die Lohnarbeiterschaft der aktiv beteiligten Staaten ein nachgerade allgemeiner Vorgang wurde. Lenin selbst sprach im Weltkrieg von Sozialchauvinismus der westlichen Arbeiterparteien, später wurde der Gegensatz vom Kommerz- und Sozialimperialismus (A. Grabowsky 1939) formuliert.

Der Streit um die Imperialismustheorie beleuchtet den Einfluß des politischen Elements auf die nationalökonomische Theoriebildung, auf den so nachdrücklich *G. Myrdal* hinwies, und ebenso seine Rolle für die Aufrechterhaltung zentraler Theorien. Die Beweisversuche aller Richtungen haben jedenfalls zu zahlreichen vertiefenden Forschungen auf dem Felde der neueren Wirtschafts- und Sozialgeschichte geführt. Die Theorie bezieht in steigendem Maße auch die Soziologie der beherrschten Völker im heute nahezu vergangenen Kolonialsystem ein. Der Abbau des Kolonialismus hat das westliche theoretische Interesse vom Einsatz staatlicher Machtmittel weg zu den rein weltwirtschaftlichen Beziehungen hingezogen, also grundsätzlich in den Bereich der nur-ökonomischen Theorie. Eine offene Frage bleibt, wie eine solche Imperialismusdeutung die Reichsbildungen der vorkapitalistischen Welt erklären soll.

Literatur:

Zur Einführung *E. Preiser,* Die Imperialismusdebatte, in: Wirtschaft, Geschichte, Wirtschaftsgeschichte. Festschrift F. Lütge (1966), und die Sammelbände Imperialismus, hsg. v. *H.-U. Wehler* (1969, Neue Wissenschaftliche Bibliothek 37) sowie *L. L. Snyder,* The Imperialism Reader (Princeton 1965, mit Dokumenten). Zum Begriff: *R. Koebner – H. D. Schmidt,* Imperialism. The Story and Significance of a Political Word 1840–1960 (Cambridge 1964).

Schumpeters Aufsatz auch in: Aufsätze zur Soziologie (1953). *Lenins* Schrift, deutsch 1921 in: Werke nach der 4. russ. Ausgabe, Bd. 22. ders., Hefte zum Imperialismus. Vorarbeiten zu dem Werk „Der Imperialismus usw." (1957). *H. W. Kettenbach,* Lenins Theorie des Imperialismus 1 (1965). Marxistisch: *F. Kumpf,* Probleme der Dialektik in Lenins Imperialismus-Analyse (1968).

Moderne Kolonialgeschichte, hsg. v. R. v. Albertini (1970, NWB 39). *P. Jalée,* Das neueste Stadium des Imperialismus (1971).

D. GESCHICHTE UND ORGANISATION DER INTERNATIONALEN FORSCHUNG

XIII. Die Geschichtsschreibung

Die Geschichte der Wirtschafts- und Sozialgeschichtsschreibung erhält dadurch eigentümliche Züge, daß an ihr Historiker und in starkem Umfang auch Nationalökonomen teilgenommen haben, ja daß die ganze Nationalökonomie selbst zeitweilig als historische Wissenschaft angesehen wurde.

Der Geschichtsschreibung des Mittelalters waren wirtschafts- und sozialgeschichtliche Gesichtspunkte fremd; eine gewisse Ausnahme machte nur die Chronistik der Städtechroniken. Am Anfang bewußter Darstellung steht etwa der französische Staatsrechtslehrer und Finanzwissenschaftler *Jean Bodin* († 1596). Der Parlamentsadvokat *Isaac de Laffemas* veröffentlichte 1606 das Buch L'Histoire du commerce de France, enrichie de plus notables antiquitez du traffic des pais etranges. Von dem englischen Statistiker *William Petty* erschienen 1687 „Observations upon the Cities of London and Rome".

Im 18. Jh. folgten dann der Merkantilist *de Forbonnais* (Recherches et considérations sur le commerce et les finances de France 1595–1721, 1758), vor allem aber die aufgeklärte Kulturgeschichtsschreibung *Voltaires* (Essai sur les mœurs et l'esprit des nations, 1769). Von entscheidender Bedeutung für die Entfaltung der Sozialgeschichte wurden gleichfalls *J. Mösers* „Osnabrückische Geschichten" von 1748. Es folgten in England *A. A. Anderson*, History of Commerce (1764, deutsch 1777–79); 2. A.: An Historical and Chronological Deduction of the Origin of Commerce (1787–89), und *A. Ferguson,* An Essay on the History of Civil Society (1767), auch *Burn,* History of the Poor Laws (1764), in Deutschland *F. Adelung,* Kurzer Begriff menschlicher Fertigkeiten (1778–81) und Versuch einer Geschichte der Cultur des menschlichen Geschlechts (1782), *Lüder*, Geschichte des holländischen Handels (1788), *F. C. J. Fischer,* Geschichte des teutschen Handels (1785–1792), und *K. G. v. Anton,* Geschichte der teutschen Landwirtschaft von den ältesten Zeiten bis zum Ende des 15. Jhs. (1799–1802), in Frankreich *Raynals* anklägerische Histoire philosophique et politique des établissements et du commerce des Européens dans les deux Indes (1773).

Das 19., das „historische Jahrhundert" brachte dann gerade in Deutschland trotz der vorherrschenden idealistischen Richtung (*Ranke*) auch eine Hochblüte wirtschafts- und sozialgeschichtlicher Forschung, namentlich seit dem Auftreten der Historischen Schule der Nationalökonomie und oft in Beschränkung auf einzelne Landschaften. Ein bahnbrechender Beitrag zur sozialen Zeitgeschichte wurde *L. v. Steins* Socialismus und Communismus des heutigen Frankreichs von 1842 ([2]1848); bald darauf wurde der Marxismus zur zusätzlichen Anregung wirtschaftshistorischer Interessen. Die völkerkundliche Parallele suchte die „Allgemeine Kulturgeschichte" *H. Klemms* (1842–53) nutzbar zu machen, die erwanderte Kenntnis von „Land und Leuten" der Heimat *W. H. Riehls* Kulturgeschichte. Eigene größere Geschichtswerke auf der Grundlage breiter Quellenforschung legte die deutsche Nationalökonomie erst in ihrer jüngeren Historischen Schule vor: *G. Schmoller* krönte die Reihe seiner Veröffentlichungen, unter denen etwa die „Geschichte der deutschen Kleingewerbe im 19. Jh." (1870) und „Die Straßburger Tucher- und Weberzunft im 13.–17. Jh." (1879) hervorragten, seit 1892 mit der Herausgabe des monumentalen Aktenwerkes der Acta Borussica. Aus der gleichen historischen Schule sind hier nur zu nennen *L. Brentano* mit betonter vergleichender Betrachtung der Entwicklung Englands und W. *Sombart* mit seiner „historisch-systematischen Darstellung des gesamteuropäischen Wirtschaftslebens": „Der moderne Kapitalismus" (1902, [7]1928) und seinen anregenden Einzelstudien zum Kapitalismus, besonders dem geistesgeschichtlichen „Bourgeois" (1913). *Karl Lamprechts* Kulturgeschichte führte massenpsychologische Gesichtspunkte ein, und seit etwa 1890 wurde in Deutschland auch „Stimmungsgeschichte" Mode. Die Lamprechtschule wurde aber von den Historikern, sogar dem Wirtschaftsverfassungshistoriker *G. v. Below*, heftig bekämpft und zurückgedrängt. Die deutsche „verstehende" Soziologie erklomm einen Gipfel mit *Max Weber*, der nach wegweisenden Einzelstudien wie dem Aufsatz über protestantische Ethik und Geist des Kapitalismus von 1904/5 eine Vorlesung „Wirtschaftsgeschichte" hinterließ (1923, engl. 1927). *Sorokin* ordnete ihn unter „Psychosociology" ein. Noch näher bei der Geistesgeschichte stand der ursprüngliche Theologe *E. Troeltsch* mit seinem Werk „Soziallehren der christlichen Kirchen und Gruppen" (1912). Die Verbindung von Verfassungsgeschichte und Soziologie vertrat der Historiker *Otto Hintze*, auch er aber erfolgreich befehdet von den politisch-juristischen Historikern der Zeit. In Österreich begründete *Alfons Dopsch* die sog. Wiener Schule der Sozial- und Wirtschaftsgeschichte mit starker Betonung der Landes-, Siedlungs- und Agrargeschichte und kritischer Haltung gegenüber dem Begriffsformalismus der Rechtsgeschichte und Soziologie; zu Mengers Wiener Schule der Nationalökonomie bestand kein näheres Verhältnis. Die Dopsch-Nachfolgerin *E. Patzelt* bezeichnete überspitzend die rein historischen Wurzeln, wenn sie die Rechtsgeschichte den Vater, die Verfassungsgeschichte die Mutter der Wirtschaftsgeschichte nannte.

Die Forschung des westlichen außerdeutschen Europa folgte dem Historismus und der geistesgeschichtlichen Betrachtungsweise weniger. Sie blieb weithin von einem praktischen oder auch theoretischen Positivismus (*Comte*) bestimmt. Nicht zufällig erschien in England, von den Nationalökonomen *Tooke* und *Newmarch*, zuerst eine History of Prices and of the State of the Paper Circulation 1793–1856, deutsch 1858–59. Das Buch des Ricardoschülers *J. R. Mc Culloch*, Industrial History of free nations, 2 Bde. (1846), führte den Begriff der Industriegeschichte ein, bot aber vor allem Handelsgeschichte. Eine erste sozialkritische Geschichte des gemeinen Mannes *J. Wade*, History of the Middle and Working Classes, kam bereits 1833 heraus, doch ist im 3. Kapitel von *Th. Macaulays* History of England (seit 1685) von 1849 englischerseits der eigentliche Beginn der modernen Sozialgeschichte gesehen worden. *Th. Buckles* History of Civilization in England (1857–61) bemühte sich um die Auffindung naturwissenschaftlicher Entwicklungsgesetze; 1866 setzte mit *J. E. Th. Roger's* achtbändiger History of agriculture and prices in England die Agrargeschichtsschreibung ein. Erst seit 1878 entwickelte sich aber neben der abstrakten Ricardo-Schule eine einflußreichere historisch-realistische Nationalökonomie, namentlich durch den Sozialreformer *A. Toynbee d. Ä.*, der 1884 durch einen Buchtitel auch den Begriff der „industriellen Revolution" einbürgerte. Der Vater der nationalökonomischen „Neoklassik" *A. Marshall* empfahl dann für Volkswirte das Studium der Wirtschaftsgeschichte Englands, Frankreichs und Deutschlands im 19. Jh. und gab in seinem Alterswerk „Industry and Trade" (1919) selbst ein Beispiel. Mit *W. Cunningham* gewann seit etwa 1890 die deutsche jüngere Historische Schule der Nationalökonomie Einfluß besonders in Cambridge; eine bahnbrechende Zusammenschau wurde sein Growth of English Industry and Commerce (1903–1905).

In Frankreich schrieb schon *S. de Sismondi* ein historisches Werk über die italienischen Stadtrepubliken des Mittelalters (1807–18), bevor er sich ganz der Nationalökonomie zuwandte. Der Volkswirt *E. Levasseur* veröffentlichte dann als Pionier einer quellennahen Sozialgeschichte seit der Römerzeit 1859–67 seine große „Histoire des Classes ouvrières en France" (^{2}1900–07), und schon 1862 begann mit *C. Juglars* Buch „Des crises commerciales et de leur retour périodique en France, en Angleterre et aux Etats-Unis" die moderne Konjunkturforschung. Auch hier hatte also eine historische Richtung der Nationalökonomie entscheidenden Anteil an der Entwicklung der Wirtschafts- und Sozialgeschichte; daneben ist zur letzteren die strukturgeschichtliche Forschung des Grafen *A. de Tocqueville* zu nennen. Eine große Wirtschaftsgeschichte Frankreichs wurde 1894 von einem Privatgelehrten und vormaligen Ministerialbeamten, dem *Vicomte d'Avenel*, begonnen; sie reichte in 7 Bänden von 1200 bis 1800. Der bedeutendste Wirtschaftshistoriker des französischen Sprachraums war aber ein belgischer Historiker: *Henri Pirenne*. Seiner stark wirtschafts- und sozialgeschichtlich auf Altflandern eingehenden Geschichte Belgiens (1899–1922) folgte 1933 eine Wirtschafts- und Sozialgeschichte des Mittelalters.

In Italien fand die Wirtschaftsgeschichte, meist durch britische Vermittlung, zunächst einen Platz in der Soziologie. So gab *E. Ciccotti*, Verfasser einer Geschichte der Wirtschaftsgeschichte in der Antike, seit 1899 mit dem Soziologen *V. Pareto* eine „Biblioteca di storia economica" heraus.

Die nordamerikanische Literatur begann etwa mit *J. L. Bishops* History of American Manufactures 1608–1860 (1861/64, mit *F. W. Taussigs* Tariff History of the United States von 1888, und mit *F. J. Turners* Significance of the Frontier in the American History (1894). Das wegweisende Buch einer politischen Sozialgeschichte und der modernen Prosopographie legte 1917 *Charles A. Beard* vor: Economic Interpretation of the Constitution.

In Rußland führte der Weg von den Mir-Forschungen einer slawischen Historischen Rechtsschule und von den Untersuchungen zur Geschichte der Leibeigenschaft, die durch die späte Bauernbefreiung angeregt wurden, zu dem liberalen Rechtshistoriker und Soziologen *M. M. Kowalewskij* mit einem Werk über die wirtschaftliche Entwicklung Europas bis zum Beginn der kapitalistischen Wirtschaftsform (3 Bde. 1898–1903) und zu dem Volkswirt *M. I. v. Tugan-Baranowskij*, der als Marxist 1894 ein Buch über die englischen Handelskrisen, 1898 ein Buch über die russische Fabrik herausbrachte. Da er dann Revisionist wurde, übernahmen im Übergang aus dem zaristischen ins bolschewistische Rußland in der Wirtschaftsgeschichte die Historiker *J. Kulischer* und *E. Tarlé* die Führung. Jedoch muß hinzugefügt werden, daß in der Sowjetunion neben der von *M. N. Pokrowskij* angeführten marxistischen Geschichtsschreibung bis 1930 noch offiziell eine „bürgerliche" mit dem Stützpunkt Leningrad geduldet wurde: Dort befindet sich noch heute das Zentrale Historische Staatsarchiv für alle Ministerialakten bis 1917. Altmeister der Sowjet-Wirtschaftsgeschichte als Ökonom wurde *S. G. Strumilin.* Von der Agrarrechtsgeschichte ging die Entwicklung des Faches auch in Polen und Südslavien sowie Ungarn aus.

Die spätere Periode zeigte vermehrte Schwerpunkte wirtschaftsge schichtlicher Forschung an, wenn das Fach auch in Deutschland durch den Sozialismusverdacht gehemmt blieb.

In England brachte *J. H. Clapham* nach Kritik an den „empty economic boxes" der Theorie seine Economic History of Modern Britain seit 1820 (1926–38) heraus, in Schweden *E. F. Heckscher* seinen „Merkantilismus" (1931), in Sowjetrußland *J. Kulischer* seine Allgemeine Wirtschaftsgeschichte des Mittelalters und der Neuzeit (1929), in Deutschland *F. Oppenheimer* einen (unvollendeten) Abriß der Sozial- und Wirtschaftsgeschichte Europas (1929–35) mit der verteilungstheoretischen These von der Bodensperre durch die Grundherrschaft. An *Webers* religionssoziologische Protestantismusthese knüpften wirkungsstarke angelsächsische Bücher von *R. H. Tawney* (1926) und *R. K. Merton* (1938) an. In Frankreich begründeten, teilweise auf den universalhistorischen Anregungen des Literaturwissenschaftlers und Philosophen *H. Berr* und des Soziologen und Statistikers *F. Simiand* fußend, *M. Bloch* und *L. Febvre* 1929 die Zeitschrift „Annales" und ihre Schule, die eine neuartige, strukturgeschichtliche und gegenwartsbezogene Vereinigung aller „Wissenschaften vom Menschen" anstrebte. Als Strukturen (oder Infrastrukturen) gelten dabei gewissermaßen von der Geschichte selbst zurückgelassene Gehäuse menschlichen Lebens. Unter Leitung *F. Braudels*, dessen Buch „La Méditerranée et le Monde méditerranéen à l'époque de Philippe II" von 1949 zugleich ein Beispiel für einen Kulturraum als Forschungseinheit gab, dehnte sich dieser Umkreis von Geographie und Wirtschaftstheorie bis zu Psychologie und Kunstwissenschaft in konkreter Anwendung und Integration noch weiter aus. Folgerichtig präsentierte die – selbst hauptsächlich die vorindustriellen Epochen erforschende – Annales-Schule seit 1959 eine vielbändige Weltgeschichte „Destins du monde", in welcher die politische Nationalstaatsgeschichte völlig in den Hintergrund trat. Zur „Ecole française" der Wirtschaftsgeschichte zählt sich auch die Gruppe um den ursprünglichen Nationalökonomen *E. Labrousse*. In Italien fand im 2. Weltkrieg eine Debatte über Wirtschaftsgeschichtsschreibung statt, an der sich auch *Benedetto Croce* und der spätere Staatspräsident *Einaudi* beteiligten.

Seit dem 1. Weltkrieg gab es internationale Großforschung zur Wirtschaftsgeschichte mit koordinierten nationalen Programmen: Erst die „Economic and social History of the World War" der amerikanischen Carnegie-Stiftung für den Frieden, hsg. von *J. T. Shotwell*, seit 1923 mit mehreren Länderreihen (USA, Großbritannien, Frankreich, Italien, Belgien, Deutsches Reich (12 Bde), Österreich, Ungarn, Tschechoslowakei, Ver. Niederlande, Schweden, später noch Polen, Türkei, Dänemark, Rußland, Rumänien, Serbien) in 159 statt geplanten 200 Bänden, dann auf ähnlich breiter Basis im Interesse der Konjunkturforschung seit 1936 eine internationale Geschichte der Preise und Löhne, im Auftrag der Rockefeller-Stiftung, hsg. von einem Komitee unter Vorsitz von *W. H. Beveridge* (erschienen Deutschland, Österreich, England, Ver. Niederlande, Spanien, Dänemark, Flandern-Brabant 12./14.–19. Jh.).

Konjunkturtheoretisch angeregt waren auch *J. A. Schumpeters* grundlegendes Werk Business Cycles. A Theoretical, Historical and Statistical Analysis of the Capitalistic Process (1939, deutsch: Kojunkturzyklen, 1953) und insbesondere für Deutschland *A. Spiethoffs* Die wirtschaftlichen Wechsellagen (2 Bde. 1955), beide bei 1787 bzw. 1790 einsetzend.

Einen starken Anstoß zu statistisch-quantitativer Forschung brachte (nach der Einführung der Zentralwirtschaftsplanung in der Sowjetunion) die Entwicklung der volkswirtschaftlichen Gesamtrechnung, wobei der aus Rußland gebürtige „empirische Theoretiker“ *S. Kuznets* in USA, Nobelpreisträger für Wirtschaftswissenschaft 1971, Brücken zur jüngeren Wirtschaftsgeschichte schlug.

Die Einbürgerung des ökonometrischen Zugangs führte seit 1957 dort zur Entwicklung der sog. New Economic History, zunächst am Modell der Eisenbahngeschichte (*Fishlow, R. W. Fogel*). Dabei wurde die ökonometrische Konstruktion der amerikanischen Wirtschaftsgeschichte 1850 bis 1890 entworfen für den nichtrealen Fall, daß (überschätzte) kostensparende Wirkung der Bahnlinien nicht entstanden wäre. Die weitere Ausführung des hypothetischen Zugangs hat dann vom Verlaufs-Realtyp her zur Proklamierung einer „hypothetical history“ oder „counterfactual history“ geführt. So ist versucht worden, die britische Ausfuhr 1872–1907 für den Fall, daß sie so schnell wie 1854–72 weitergewachsen wäre, die hypothetische industrielle Wachstumsrate und Industrieerzeugung und daraus wieder den eingetretenen „Verlust“ zu errechnen (*J. R. Meyer*). Die Gruppe der Neuen Wirtschaftsgeschichte hat einen starken Missionsdrang und betrachtet die nicht bekehrten Wirtschaftshistoriker, auf die Industrialisierung anspielend, als die „Handweber der intellektuellen Revolution“. Ihre Schärfung der Problemstellung ist sicher ein Fortschritt. Der schwache Punkt des Systems, das eben weithin „Quasigeschichte“ (*F. Redlich*) bleibt, liegt in seiner Voraussetzung gleichbleibender (modern-)wirtschaftlicher Struktur und seiner Neigung zu absichtlicher Isolierung eines einzelnen Grundes der Wachstumsentwicklung. Ähnliche ökonometrische Hintergründe hat die in Frankreich seit 1961 mit historisch-statistischen Untersuchungen hervortretende Schule der „Histoire quantitative“ (*J. Marczewski*); diese integriert alle wirtschaftlichen Einzeldaten in ein dynamisches System Nationaleinkommen und setzt nichtreduzierbare Daten der qualitativen Geschichte als exogene Variable ein. Sie legt eine Histoire quantitative de l’économie française 1700–1958 (bisher 11 Einzelbände) vor. In Deutschland ist hier die wirtschaftshistorische Schule *Walter G. Hoffmanns* zu nennen.

Von marxistischer Seite wurde versucht, einen Regelmechanismus auch der sozialen Klassenbeziehung historisch darzulegen. Dabei trat andererseits hervor, daß die moderne Wirtschaftstheorie insgesamt eine Theorie der kapitalistischen (oder „nachkapitalistisch“-sozialistischen) Wirtschaft ist und für die noch halb naturalwirtschaftliche Zeit vor der Industrialisierung grundsätzlich nicht paßt. In Polen legte *W. Kula* 1963 ein Struktur- und Funktionsmodell der Feudalgesellschaft im 16.–18. Jh. vor. Die Debatte über diesen Versuch einer Neuhistorisierung der Theorie ist noch im Gange.

Mit nachlassendem Einfluß der Historischen Schule schwand auch, wie *E. Schneider* hervorhob, die Bedeutung der Trennung zwischen (Volks-) Wirtschafts- und Firmengeschichte. Die letztere empfing 1931 auch einen wichtigen russisch-marxistischen Anstoß durch die Aktion „Geschichte der Fabriken und Betriebe" des Dichters *Maxim Gorki*. Die amerikanische Business History erreichte mit der Errichtung des Forschungszentrums für Unternehmergeschichte (Research Center in Entrepreneurial History) an der Harvard-Universität 1948, unter Leitung von *A. H. Cole*, einen Höhepunkt internationaler Wirkung; es wurde aber nach einem Jahrzehnt unter Kritik der erzielten Ergebnisse für die moderne Theorie wieder aufgegeben.

Literatur:

Knapp *N. S. B. Gras*, The Rise and Development of Economic History, Econ. History Review 1 (1927) und in: Natura e Metodo della Storia Economica (1960, s. oben S. 15). Biograph.: Architects and Craftsmen in History. Festschrift für A. P. Usher (1956), über Sombart, Spiethoff, Schumpeter, Eucken, Rostovtzeff, Bloch, Pirenne, Sée, Heckscher, Clapham, Usher. Meist müssen für die ältere Geschichte Sonderkapital in Gesamtdarstellungen der Historiegraphie herangezogen werden. In Deutschland wurde dabei allzustark ein Zusammenhang mit dem Marxismus betont; in *H. v. Srbik*, Geist und Geschichte vom deutschen Humanismus bis zur Gegenwart, 2 ([2]1964) trägt das einschlägige 18. Kapitel die Überschrift „Die ökonomische (materialistische) Geschichtsauffassung. Die Wirtschafts- und Verfassungsgeschichte. Die Soziologie".

Für das Integrationsbemühen einer jüngeren Gruppe deutscher „politischer" Historiker ist kennzeichnend *H. U. Wehler*, Theorieprobleme der modernen deutschen Wirtschaftsgeschichte 1800–1945, in: Entstehung u. Wandel der modernen Gesellschaft. Festschrift H. Rosenberg (1970). Zur Annales-Schule zuletzt kritisch *D. Groh*, Strukturgeschichte als totale Geschichte? VSWG 58 (1971).

J. Marczewski, L'Histoire quantitative, buts et méthodes, in: Cahiers de l'institut de Science Economique Appliquée, Série AF No. 115 (1961). Ders., Introduction à l'histoire quantitative (Genf 1965). *P. Chaunu*, L'histoire sérielle – bilan et perspective, Revue historique 94 (1970), No. 2.

Zur New Economic History jetzt vor allem die Sammelbände: The new economic history: Recent papers on methodology, hsg. v. *R. Adreano* (London 1970) und The Reinterpretation of American Economic History, hsg. v. *R. W. Fogel* u. *S. L. Engerman* (New York 1971). Separat daraus *R. W. Fogel*, Die neue Wirtschaftsgeschichte – Forschungsergebnisse und Methoden (dt. 1970). Kritisch *M. Lévy-Leboyer*, La „New Economic History", Annales 24 (1969).

Zur hypothetischen Geschichte *J. D. Gould*, Hypothetical History, in Economic History Review 2/22 (1969). *W. Kula*, Théorie économique du Système féodal (frz. Paris 1970).

Zur deutschen Industrialisierungsgeschichtsforschung *W. Zorn*, Ein Jahrhundert deutsche Industrialisierungsgeschichte, Blätter für deutsche Landesgesch. 108 (1972).

Deutschland, die USA, Großbritannien und Frankreich behandelt: *F. Redlich*, Anfänge und Entwicklung der Firmengeschichte und Unternehmerbiographie, 1. Beiheft der Zs. Tradition (1959).

XIV. Entwicklungstheoretisch-historiographische Stufenlehren und Periodisierungen

Besonders im angelsächsischen Sprachgebrauch wird als Theorie im weiteren Sinne gelegentlich auch jede allgemeinere Betrachtung des Geschichtsverlaufs bezeichnet, die über bloße Beschreibung von Tatsachen hinausreicht. Solche „Theorien" sind insbesondere die historischen Perioden-Klassifikationstheorien, die Versuche, den Gesamtverlauf der Geschichte linear zu bestimmen und unter Strukturgesichtspunkten in Perioden oder chronologisch nicht so einheitliche Entwicklungsstufen zu gliedern. Diese Versuche idealtypischer Abläufe beginnen, wenn von den theologischen Trinitäts-Zeitalterlehren und philosophischen Geistesepochen (Hegel) abgesehen wird, etwa mit Rousseau: Naturzustand – Zivilisation – Rückkehr zur Natur. In den Stufenlehren des 19. Jahrhunderts behauptete sich dann doch ein Fortschrittsglaube verschiedener Ausprägung, ein Evolutionismus auf einheitlich festgelegte Endzustände hin. List sah wirtschaftsgeschichtlich eine Abfolge Wildzustand – Hirtentum – Agrikulturstaat – Agrikultur/Manufakturstaat – Agrikultur/Manufaktur/Handelsstaat. Hildebrand stellte ein zeitliches Entwicklungsschema nach den Tauschmitteln auf: Naturalwissenschaft – Geldwirtschaft – Kreditwirtschaft. Nachhaltigere Wirkung hatten Büchers Wirtschaftsstufen je nach Verlängerung des Weges, den die Güter vom Erzeuger zum Verbraucher zurücklegten: Hauswirtschaft (oder Oikenwirtschaft nach griech. oikos = Haushalt) – Stadtwirtschaft – Volkswirtschaft, gegen Büchers Bedenken dann später von B. Harms doch erweitert um eine 4. Stufe Weltwirtschaft. Bücher unterlief in der Ausführung seines Schemas eine gewisse Gleichsetzung seiner zudem als „geschlossen" angesehenen ersten Stufen mit Antike und Mittelalter, womit er der Historikerkritik breite Angriffsflächen bot. Der Hansehistoriker F. Rörig hat gegen den Begriff der geschlossenen Stadtwirtschaft jenen der „mittelalterlichen Weltwirtschaft" geprägt. Das weltgeschichtlich wichtigste Stufenschema ist zweifellos das von Marx und Engels schon im Kommunistischen Manifest von 1848 vorgetragene dialektische historisch-materialistische geworden: Urkommunismus – Sklavenhaltergesellschaft – Feudalsystem – Bourgeoisiegesellschaft (später: Kapitalismus) – Sozialismus, wobei die Antike als Sklavensystem, das Mittelalter einschließlich seiner genossenschaftlichen Erscheinungen wie des Zunftwesens als Feudalsystem gefaßt und zwischen dem letzteren und dem (industriellen) Kapitalismus als Übergang eine „Manufakturperiode" angenommen wird. Angesichts der Entwicklung Chinas nach 1912 ließ Lenin für industriell rückständige Länder auch die Möglichkeit eines unmittelbaren Übergangs aus dem Feudalismus zum Sozialismus zu. Die marxistische Theorie legt auf die Periodisierung großen Wert und will zugleich ein zusammenhängendes revolutionäres System der Wirtschaftstheorie sein. F. Braudel schlug die Stufen Materialles Leben – Wirtschaftsleben mit Berechnung und Aufmerksamkeit – Kapitalismus vor. Die moderne soziologische Systemtheorie trägt den Streit darüber aus, ob der „Kapitalismus" eine vorübergehende Epoche oder eine dauerhafte wählbare Ordnung darstellt. Inhaltlich läßt sich die „bürgerliche" Theorie der Sozialsysteme schon auf den „positiven Philosophen" Comte zurückführen. Er behauptet ein sog. Dreistadiengesetz der Menschheitsgeschichte mit drei Zeitaltern: Theologie, Metaphysik und „positives Zeitalter" von (Natur-)Wissenschaft und Industrie.

Erwähnenswert bleibt noch der (von der Kunstgeschichte ausgehende) Versuch des Kulturhistorikers K. Lamprecht, für Deutschland (Deutsche Geschichte, 1891–1909) sozialpsychologische Stufen zu bilden: Zeitalter des symbolischen – typischen – konventionellen – individuellen – subjektiven – impressionistischen Seelenlebens. Hier hat 1950 noch das moderne soziologische Abfolgeschema D. Riesmans vom Sozialcharakter und Zeitalter des traditionsgeleiteten, innenorientierten, außenorientierten Menschen angeknüpft.

Von Sombart und Spiethoff gingen die Bemühungen um Abgrenzung verschiedener Wirtschaftsstile aus, von Zeitaltern der Wirtschaftsgesinnung, die dann von Müller-Armack „genealogisch" von Katholizismus, Luthertum, Kalvinismus abgeleitet wurden. An Lists Stufenlehre knüpfte im 2. Weltkrieg der britische Volkswirt C. Clark an, indem er drei Sektoren der Wirtschaftstätigkeit (Urerzeugung, Verarbeitung, Dienstleistung) zugleich als („Agrarflucht"-) Wanderweg des Schwergewichts im Hilfsmitteleinsatz beschrieb. Die jüngste Vergangenheit hat sich wieder daran gemacht, quantitative Entwicklungsstufen des Wachstums zu finden. Am eindrucksvollsten waren die von dem amerikanischen Keynesianer W. W. *Rostow* im Sinne der Wachstumstheorie 1960 vorgelegten „Stages of Economic Growth" (dt. 1961, franz. 1963, ²1967). Rostow nahm – im Unterschied zu *Marx* – vor den Vorzeichen der industriellen Revolution eine in sich nicht epochengegliederte Grundstufe der traditionellen Gesellschaft an; ihr folgten die Anlaufsperiode, die Periode des wirtschaftlichen Aufstiegs (Take-off), die Entwicklung zum (industriellen) Reifestadium, endlich das Zeitalter des Massenkonsums mit starkem Gewicht dauerhafter, wertvoller Konsumgüter. Den Take-off wollte Rostow länderweise am Ansteigen der industriellen Netto-Investition über 10% des Volkseinkommens ablesen und für Großbritannien auf 1783–1802 ansetzen.

Deane und *Cole* haben freilich nachgewiesen, daß die britische Investition damals erst niedriger lag und Rostows Zeitansatz oder Definition in seinem „globalen Phasenmodell" der Berichtigung bedarf.

Drei- oder Vierstufensysteme der Bevölkerungsentwicklung seit 1750, die in Absinken sowohl der Sterblichkeits- als auch der Geburtenrate auslaufen, haben sich als nur für wohlhabende Völker gültig erwiesen.

Eine rein wirtschaftsgeschichtliche Darstellung müßte sich auch nach langen Konjunkturwellen gliedern lassen. In der Tat grenzte Schumpeter lange Zyklen nach der Durchsetzung jeweils neuer Kombinationen von Produktionsmitteln durch Pionierunternehmer ab: Er stellte für England-Frankreich-Deutschland-Nordamerika eine Welle der industriellen Revolution 1787–1842, eine Welle des Eisens und Stahls oder der Bourgeoisie 1843–1897 und eine dritte von Elektrizität, Chemie und Motorkraft, die neomerkantilistische, heraus. Die Periode 1896–1913 ist so auch als „imperialistischer Kondratieffaufschwung" bezeichnet worden. A. Predöhl hat diese drei Fortschrittsperioden mit den Kennworten Integration, Expansion, Intensivierung versehen. Solche datierte Gliederung der früheren, vorindustriellen Zeit bereitet der Forschung jedoch erhebliche Schwierigkeiten; schon der Beginn der Wiederaufstiegsphase nach dem 30jährigen Krieg in Europa liegt zwischen 1670 und 1730 regional verschieden. Nur der allgemeine Abschwung im 14. und 15. Jahrhundert ist zum Mittelalter hin noch klar erkennbar. Die frühen Kolonialwirtschaften kannten noch vom Mutterland abweichende Konjunkturen.

Alle diese Verlaufsvorstellungen der zwei Jahrhunderte nach Rousseau folgen zielgerichtet dem „Pfeil der Zeit", auch die marxistische Entwicklungsdialektik kehrt bei aller Verbindung von Urkommunismus und Sozialismus doch nicht zum Urzustand zurück, auch ihr Prozeß ist theoretisch nicht umkehrbar, sondern wie jeder geschichtssoziologische Prozeß allenfalls stellenweise störbar. Im Unterschied zur Antike, die das Goldene Zeitalter in der frühesten Vergangenheit suchte, will das abendländische Denken es fast immer in der Zukunft suchen. Vergleicht man die Zukunftsvorstellungen des Marxismus mit jenen des britischen Wachstumstheoretikers J. R. Hicks in seiner „Theory of Economic History" (1969), so läßt dieser zwar nur die zwei Stufen Gewohnheits- und Kommandowirtschaft undHandels- oder Marktwirtschaft aufeinander folgen, erwartet aber von der weltweiten Ausbreitung der letzteren ungefähr denselben Zustand des Menschheitsglücks in ewigem Frieden wie die humanitären Marxisten vom klassenlosen internationalen Sozialismus. Beide Arten des Fortschrittsdenkens sind im Grunde eine Säkularisation christlicher Vorstellungen von künftiger Erlösung und Verwirklichung des verheißenden Gottesreiches. Ihre Entsprechung steht im Hintergrund der Erwartungen der sog. Konvergenztheorie von einer gemeinsamen höchsten Entwicklungsendstufe der Wirtschaft, der sich Kapitalismus und Sozialismus bis zum schließlichen Einswerden schrittweise annähern sollen. So gesehen sucht Wirtschafts- und Sozialgeschichte auch eine geistige Form von „Geschichte als Sinngebung“ zu sein. Die Verschiedenheit der großen politischen Weltsysteme, aber auch ihre eigene innere Vielgestaltigkeit und Spannung bewahrt sie davor, eine Wissenschaft ohne echte ungelöste und neue Probleme und ohne Auseinandersetzung über diese zu werden. In der Breite kann sie freilich nur weiterkommen, wenn ihr der sprachliche und wissenschaftsorganisatorische Austausch in Forschung und gehobener Lehre offen ist und bleibt.

Literatur:
Als Textsammlung: Wirtschaftsstufen und Wirtschaftsordnungen, hsg. v. H. G. Schachtschabel (1971).

Zum allgemeinen Problem auch *J. H. J. van der Pot,* De Periodisering der Geschiedenis. Een overzicht der theorieen (1951). Zur demographischen Dreistufentheorie *H. J. Habakkuk,* Population growth and economic development since 1750 (Leicester 1971).

Z. Y. Hershlag, Theory of Stages of Economic Growth in Historical Perspective, in: Kyklos 22 (1969). Standardwerk für lange Zyklen ist noch immer *J. A. Schumpeter*, Business Cycles. A Theoretical, Historical and Statistical Analysis of the Capitalist Process, 2 Bde. (New York – London 1939), deutsch Konjunkturzyklen (1953), engl. Kurzfassung 1964. *W. W. Rostows* Stadien des wirtschaftl. Wachstums (1960 u. ö.) s. oben im Text. *W. Weber,* Konvergenz der Wirtschaftsordnungen von Ost und West? (1971).

XV. Organisation von Forschung und Lehre

Die wirtschafts- und sozialgeschichtliche Quellenforschung kann nur zum Teil von Archiven und Hochschulen durchgeführt werden. In zunehmendem Maße können auch die Akademien der Wissenschaften der westlichen Welt dieser Aufgabe nicht mehr gerecht werden und erfolgt eine Konzentration auf Forschungszentralen mit dauernden Mitarbeitern. In den Ostblockländern werden diese Institute von den Akademien getragen. (DDR: Institut für Wirtschaftsgeschichte der Deutschen Akademie, Berlin). Vor allem aber ist zu nennen: Ecole Pratique des Hautes Etudes (gegründet unter Napoleon III.), Sorbonne Paris. VIe section (Wirtschaft- und Sozialwissenschaften, gegründet von L. Febvre), Centre de recherches historiques, gegründet im Anschluß an die Schule der „Annales“.

Kein anderes Land verfügt über ein vergleichbares Forschungszentrum für Sozial- und Wirtschaftsgeschichte. Das Forschungsinstitut für Sozial- und Wirtschaftsgeschichte an der Universität Köln hat seit seiner Gründung 1966 fast nur internationale Gastvorträge veröffentlicht.

Unter den großen Wirtschaftsforschungsinstituten sind mit historischen Untersuchungen namentlich das National Bureau of Economic Research in New York, das National Institute of Economic and Social Research in London und das Institut de Science Economique appliquée (Laboratoire du Collège de France) in Paris wichtig geworden.

Außerdem gibt es Zentralstellen, die als Spezialarchive und -bibliotheken der Forschung ein Angebot zumeist gedruckten Materials machen. Hierher gehören:

1. Kress Library of Business and Economics, Baker-Library, Harvard University, Cambridge Mass.,
2. Goldsmith's Library of Economic Literature, University of London,
3. Wirtschaftsarchiv beim Institut für Weltwirtschaft der Universität Kiel,
4. Hamburgisches Weltwirtschaftsarchiv (bis 1919 „Kolonialinstitut"), Hamburg,
5. Eisenbibliothek, Schaffhausen/Schweiz,
6. Firmenschriftenarchiv des Deutschen Industrieinstitutes, Köln,
7. Forschungsinstitut des Deutschen Museums für die Geschichte der Naturwissenschaften und der Technik, München,
8. Internationales Institut für Sozialgeschichte, Amsterdam; Kern: Nachlässe aus den sozialistischen Parteien der 2. Internationale.

Zu den Universitätslehrstühlen des Faches müssen kurze Angaben genügen. Den ersten besonderen Lehrstuhl der Welt für „Wirtschaftsgeschichte" erhielt 1892 William J. Ashley von Oxford in der Faculty of Economics der Harvard University, Cambridge (s. Anne Ashley, W. J. A. – A Life . . ., London 1932). Inhaber der ersten britischen Lehrstühle für Economic History waren seit 1908 L. L. Price an der Universität Oxford und seit 1918 G. Unwin an der Universität Manchester. Erster Professor für Wirtschaftsgeschichte in Holland war seit 1910 J. N. Posthumus an der Handelshochschule Rotterdam. Im deutschen Sprachraum gingen 1911 ein Extraordinariat für Wirtschaftsgeschichte an der deutschen Karlsuniversität Prag (P. Sander) und 1917 ein Ordinariat an der Handelshochschule (1919 Universität) Köln (B. Kuske) voran. In Frankreich entstand zunächst nur, für E. Levasseur, eine Professur für Geschichte der Arbeit am Nationalkonservatorium für Künste und Gewerbe. Erst 1936 wurde der erste Lehrstuhl für Sozial- und Wirtschaftsgeschichte an der Sorbonne (M. Bloch) errichtet; der Braudel-Lehrstuhl am Collège de France (1950) hat die Fachbezeichnung Geschichte der modernen Zivilisation. Erster Lehrstuhlinhaber für Business History wurde 1925, wiederum an der Harvard University, N. S. B. Gras. 1950 wurde auch eine Professur für die Histoire des Entreprises an der Handelshochschule Lille errichtet. Der erste besondere Lehrstuhl für Agrargeschichte wurde 1955 an der holländischen Landbauhochschule in Wageningen geschaffen und mit dem Nederlands Agronomisch-historisch Institut verbunden. In Deutschland gab es an der landwirtschaftlichen Hochschule

Stuttgart-Hohenheim 1957–70 einen Lehrstuhl für Geschichte und Agrargeschichte. Besondere Lehrstühle für Social History gibt es in Großbritannien seit 1966. In den Ostblockländern und Jugoslavien entstanden besondere Lehrstühle, Institute und Zeitschriften für Geschichte der Arbeiterbewegung.

Der Beginn einer eigenen allgemeinthematischen Zeitschriftenliteratur war (nach der Zeitschrift für deutsche Kulturgeschichte von 1856/1890 und im zeitlichen Anschluß an Fauchers Vierteljahrschrift für Volkswirtschaft, Politik und Kulturgeschichte 1863–93) 1893 die deutsche, von den Österreichern Stephan Bauer, Karl Grünberg, Ludo Moritz Hartmann und Emil Szanto begründete Zeitschrift für Sozial- und Wirtschaftsgeschichte, seit 1903 Vierteljahrschrift für Sozial- und Wirtschaftsgeschichte. Sie war, von Hartmann geleitet, vor dem 1. Weltkrieg bewußt international und in ihren Beiträgen mehrsprachig.

Erst 1913 folgte Frankreich, indem die 1908 gegründete Revue d'Histoire des Doctrines économiques et sociales in die Revue d'Histoire Economique et Sociale umgewandelt wurde, dann 1916 in den Ver. Niederlanden das Economisch-Historisch Jaarboek. In Großbritannien gab zwar seit 1908 der aus Rußland übersiedelte Agrarverfassungshistoriker Vinogradoff die Reihe Oxford Studies in Social and Legal History heraus. Erst 1927 folgte Großbritannien mit einer wirtschaftshistorischen Zeitschrift, indem die Royal Economic Society aus einem Supplement zum Economic Journal die Economic History Review entwickelte, deren Träger dann ein Verein wurde. 1926 entstand in den USA das Bulletin of the Business Historical Society (später B. H. Review), 1928 das Journal of Economic and Business History, später (1941) unter Abtrennung der Business History, 1929 begannen die Annales d'Histoire économique et sociale von Bloch und Febvre, 1931 folgte die polnische Zeitschrift Roczniki dziejów spolecznych i gospodarczych (Annales sur l'histoire sociale et économique) und 1936 erschien eine Rivista di storia economica in Turin.

Erst nach 1945 entstanden weitere Fachzeitschriften in Skandinavien, in der DDR. Die Sowjetunion erhielt keine besondere Zeitschrift, da nach streng marxistischer Auffassung die Wirtschafts- und Sozialgeschichte mit der allgemeinen Geschichte identisch ist. In Japan erscheint seit 1929 eine angelsächsisch geprägte, aber nach deutscher Art betitelte, von einer eigenen Gesellschaft herausgegebene sozial- und wirtschaftsgeschichtliche Zeitschrift.

Literatur:

Die institutionelle Geschichte des Faches ist erst stückweise bearbeitet: *H. Hassinger*, Die Wirtschaftsgeschichte an Österreichs Hochschulen bis zum Ende des 1. Weltkrieges, in: Wirtschaft, Geschichte, Wirtschaftsgeschichte (Festschrift F. Lütge) 1966. *H. Aubin*, Zum 50. Band der Vierteljahrschrift für Sozial- und Wirtschaftsgeschichte, VSWG 50 (1963). *A. H. Cole*, Economic History in the United States: Formative Years of a Discipline, Journal of Econ. History 28 (1968).

XVI. Fachspezielle Nachschlagewerke, allgemeine Quellenausgaben Ländergesamtdarstellungen, Zeitschriften

1. Die zentralen Nachschlagewerke für die Wirtschafts- und Sozialgeschichte seit dem Mittelalter sind die International Encyclopaedia of the Social Sciences, 17 Bde. (1968) und das Handwörterbuch der Sozialwissenschaften, 12 Bde. (1956–1965), dazu noch der Grundriß der Sozialökonomik, Red. für die Erstauflage: *Max Weber*, 2./1. Aufl. 14 Bde. (1914–1947), mit Bänden von *Schumpeter, Max Weber, v. Wieser*, die Encyclopédie française, hsg. v. *L. Febvre*, Bd. 9: L'univers économique et social (1960), das Staatslexikon. Staat-Gesellschaft-Wirtschaft, hsg. v. der Görres-Gesellschaft, 11 Bde. (1957–1970).

Ältere Lexika bleiben eine wichtige Quelle für den Zeitgeist, für das deutsche 19. Jahrhundert besonders: Staatslexikon, hsg. v. *C. v. Rotteck – C. Welcker*, 19 Bde. (1834–1848), liberal), Staats- u. Gesellschaftslexikon, hsg. v. *H. Wagener*, 23 Bde. (1859–1867, konservativ), Deutsches Staatswörterbuch, hsg. v. *J. C. Bluntschli – K. Brater*, 11 Bde. (1857 bis 1870, liberal), Staatslexikon der Görresgesellschaft, 5 Bde. (1889–1897, kath.), Handwörterbuch der Staatswissenschaften, 8 Bde. (1890–1897, jüngere histor. Schule); in Frankreich bot das Dictionnaire de l'économie politique hsg. v. *C. Coquelin – U. G. Guillaumin*, 2 Bde. (1852–1853), eine kritische Bibliographie.

2. Einen Führer zu den wichtigsten gedruckten Quellen der Wirtschaftsgeschichte in etwa 25 amerikanischen und britischen Bibliotheken gab die Kress-Stiftung an der Harvard-Universität heraus: *D. D. Reeves*, Resources for the Study of Economic History. A Preliminary Guide to Pre-Twentieth Century Printed Material in Collections in Certain American and British Libraries (1961). Ferner noch für Großbritannien: *J. B. Williams*, A Guide to the Printed Materials for English Social and Economic History. 1750–1850, 2 Bde. (New York 1926), und für die Zeit vom 15. Jh. bis 1850 *M. Canney – D. Knott*, Catalogue of the Goldsmiths Library of Economic Literature, 3 Bde. (Cambridge 1971 ff.: 40 000 Bücher, 450 Zeitschriften, 700 Manuskripte).

3. Den ersten Versuch eines Handbuchs der allgemeinen Sozial- und Wirtschaftsgeschichte als Sammelwerk unternahm *F. Bujak* in Polen; von seiner Historia społeczna i gospodarcza erschienen jedoch wegen des 2. Weltkriegs 1938–1949 nur die Bände über Mittelalter, Primitivkulturen und Antike. Der erste Versuch, die gesamte Wirtschaftsgeschichte

Europas seit dem Mittelalter in einem internationalen Gemeinschaftswerk darzustellen, gelang so seit 1941 von England aus in der Cambridge Economic History, begründet von *J. Clapham* und *E. Power*. Das Werk ist zumeist bei der konservativen Form der verbalen Darstellung geblieben, mußte manche Länderlücke hinnehmen und ist heute noch nicht vollständig: I. The Agrarian Life of the Middle Ages (²1966); II. Trade and Industry in the Middle Ages (1952); III. Economic Organization and Policies in the Middle Ages (1963); IV. The Economy of Expanding Europe in the 16th and 17th Centuries (1967); VI. The Industrial Revolutions and After: Incomes, Population and Technological Change (1965). Als zweites, thematisch ganz umfassendes Unternehmen dieser Art kann die ganz französische Buchreihe „Destins du Monde" der Annales-Schule seit 1959 gelten, mit geschlossenen Bänden der Einzelautoren. Ein unmittelbares Gegenstück zum Cambridge-Werk wird die englische von *C. Cipolla* betreute Fontana Economic History of Europe, die 1969 in Einzelheften (= 4 Bänden) und 1971 auch in deutscher Ausgabe zu erscheinen begann. In der Reihe „Histoire moderne" der französischen Collection U behandeln geschlossene Bände die Wirtschafts- und Sozialgeschichte, bisher *P. Léon*, Economies et Sociétés préindustrielles, 2 Bde. (1970) und *J. A. Lesourd – C. Gérard*, Histoire économique, XIXe et XXe siècles, 2 Bde. (³1963). Eine lockere Reihe selbständiger Bücher, z.T. Übersetzungen, war das Handbuch der Wirtschaftsgeschichte, hsg. v. *G. Brodnitz*, 7 (8) Bde. 1918–1936 (39) mit Bänden für Rußland *(Kulischer)*, Holland *(Baasch)*, Frankreich *(Sée* in Erstausgabe!), Dänemark *(Nielsen)*, nur Mittelalter für Europa *(Kötzschke)*, England *(Brodnitz)*, Italien *(Doren,* auch ital. 1936*)*, für Norwegen *(Johnsen)*.

4. Einzelbereiche haben folgende neueren Gesamtdarstellungen in umfangreichen Sammelwerken gefunden: Histoire générale du travail, hsg. v. *L. H. Parias*, 4 Bde. (Paris 1961, ganz französisch). *E. Savoy u. a.*, L'agriculture à travers les âges, 5 Bde. (Paris 1935–1952). Histoire du Commerce, hsg. v. *J. Lacour-Gayet*, 6 Bde. (Paris 1950–1955, ganz französisch). A History of Banking in all the Leading Nations, hsg. v. *W. Dodsworth*, 4 Bde. (New York 1896/97). Geschichte der Preise und Löhne, hsg. v. *W. H. Beveridge* u. a., 12 Bde. 1936–1965, mit Bänden für Deutschland *(Elsas,* 3 Bde.*)*, Österreich *(Pribram)*, England *(Beveridge)*, Dänemark *Friis-Glamann)*, Ver. Niederlande *(Posthumus)*, Spanien *(Hamilton)*, Flandern-Brabant *(Verlinden)*. *J. Kuczynski*, Die Geschichte der Lage der Arbeiter unter dem Industrie-Kapitalismus (40 Bde.), (Berlin seit 1948, Bd. 38, 1972, = Literaturverzeichnis; Deutschland, Großbritannien und Empire, Frankreich, USA).

Allgem. Technikgeschichte s. oben B. V., S. 36 f., 40.

5. Die großen nationalen Wirtschafts- und Sozialgeschichten hatten fast stets mit den gleichen Schwierigkeiten zu kämpfen wie die inter-

nationalen: Ausbleiben von Einzelbänden in Buchreihen; lange Verzögerung, Lücken und Ungleichmäßigkeit von Sammelbänden mit mehreren Autoren.

Wichtig: Methuen's Economic History of England, hsg. v. *T. S. Ashton* (London seit 1955), erst 2 von 6 Bänden. Social and Economic History of England, hsg. v. *A. Briggs*, seit 1963, bisher 3 Bde. The Economic History of the United States, hsg. v. *David – Faulkner – Hacker – Nettels – Shannon*, 10 Bde. (New York seit 1945), noch unvollständig. A History of American Life, hsg. v. *D. R. Fox – A. M. Schlesinger*, 13 Bde. (New York 1927–1948, Sozialgesch.). Handbuch der deutschen Wirtschafts- und Sozialgeschichte, hsg. v. *H. Aubin – W. Zorn*, 2 Bde., Bd. I (1971 bis 1800). Historia social y económica de España y América, hsg. v. *J. Vicens Vives*, 5 Bde. (Barcelona 1957–1959).

6. Ferner sind die folgenden größeren nationalen Wirtschafts- und Sozialgeschichten seit 1945 zu nennen (nur bei Fehlen neuerer Werke sind ältere in () genannt):

Deutschland:
F. Lütge, Deutsche Sozial- und Wirtschaftsgeschichte (^{3}1966). *H. Bechtel*, Wirtschafts- und Sozialgeschichte Deutschlands (1967), vorher 3 Bde. (1951–1956). *H. Mottek*, Wirtschaftsgeschichte Deutschlands, 2 Bde. (^{5}1968 und ^{2}1969). *G. Stolper – K. Häuser – K. Borchardt*, Deutsche Wirtschaft seit 1870 (^{2}1966, engl. 1967).

Österreich:
F. Tremel, Wirtschafts- und Sozialgeschichte Österreichs v. d. Anf. bis 1955 (1969).

Schweiz:
A. Hauser, Schweizer. Wirtschafts- und Sozialgeschichte v. d. Anf. b. z. Gegenwart (1961).

Belgien:
J. A. van Houtte, Economische en sociale geschiedenis van de Lage Landen (1964).

Ver. Niederlande:
W. Jappe Alberts – H. P. H. Jansen, Welvaart in Wording. Sociaal Economische Geschiedenis van Nederland van de vroegste tijden tot het einde van de middeleeuwen (1964). *I. J. Brugmans*, Paardenkracht en Mensenmacht. Sociaal-Economische Geschiedenis van Nederland 1795–1940 (1961). Zwischenband von *J. G. van Dillen*, im Ersch.

Großbritannien:
E. Lipson, The Economic History of England, 3 Bde. (^{12}1963). *E. Lipson*, The Economic History of England from the earliest times to 1750 (^{2}1951).

W. H. B. Court, A Concise Economic History of Britain from 1750 (1954). *W. W. Rostow,* British Economy of the 19th. Century. Essays (Oxford 1948). *J. L. Gayler – J. Richards – J. A. Morris,* A Sketch Map Economic History of Britain (London ²1964). *G. M. Trevelyan,* English Social History. A Survey of Six Centuries, 1944, illustr. 4 Bde. ²1949 bis 1952, deutsch als Kultur- und Sozialgeschichte Englands, 1948).

Irland:
(*D. A. Chart,* An Economic History of Ireland, Dublin 1920).

Frankreich:
H. Sée, Histoire économique de la France, 2 Bde (²1948/51). Histoire économique et sociale de la France, hsg. v. *F. Braudel – E. Labrousse,* 4 Bde. (seit 1970: II, 1600–1789). *L. Halphen, R. Doucet* u. a., Histoire de la société française (Paris 1953). *G. Duby – R. Mandrou,* Histoire de la civilisation française, 2 Bde. (Paris 1958).

Spanien:
J. Carrera Pujal, Historia de la Economia española, 5 Bde. (Barcelona 1943–1947). *J. Vicens Vives* mit *J. Nadal Oller,* Manual de Historia Económica de España (Barcelona ³1964), engl. An Economic History of Spain (Princeton 1969).

Portugal:
J. Lúcio de Azevedo, Epócas de Portugal económico (²1947).

Italien:
G. Luzzatto, Storia economica d'Italia, 2 Bde. (Rom 1949/55, engl. 1961).

Tschechoslovakei:
O. Řiha, Hospodárský a sociálnepolitický vývoy Československa 1790–1945. (Die wirtschaftl. u. sozialpolitische Entwicklung der Tsch., Prag 1946).

Jugoslavien:
M. Mirković, Ekonomska historija Jugoslavije (Zagreb ²1962).

Ungarn:
Magyar Müvelödéstörténet (Ungar. Kulturgeschichte), 6 Bde. (Budapest o. J., 1939–43).

Rumänien:
P. P. Panaitescu, Introducere la istoria culturii Româneşti (Einführung in die rum. Kulturgeschichte, Buk. 1969), bis 16. Jh.

Bulgarien:
(*I. Sakazov,* Bulgarische Wirtschaftsgeschichte, 1929).

Griechenland:
Ch. Evelpidis, Oikonomike kai koinonike historia tes Hellados (Wirtschafts- und Sozialgeschichte Griechenlands, 1950).

Byzanz und Türkei:
L. Bréhier, La civilisation byzantine (Par. 1950) = Le monde byzantin Bd. 3.
Studies in the Economic History of the Middle East, hsg. v. *M. A. Cook* (London 1970), seit Mittelalter.

Rußland:
P. B. Struve, Socialnaja i ekonomičeskaja istorija Rossii (Paris 1952).
P. I. Lyaščenko, Istorija narodnogi chozjajstva SSSR, 3 Bde. (1950 bis 1960), Kurzfassg. v. 1939 engl.: History of the National Economy of the U.S.S.R. (New York ²1959). *B. Gille,* Histoire économique et sociale de la Russie (Paris 1949).
S. G. Strumilin, Očerki ekonomičeskoj istorii Rossii i SSSR (Abrisse der Wirtschaftsgesch. Rußlands u. der Sowjetunion, Moskau 1966).
H. Raupach, Geschichte der Sowjetwirtschaft (1964).

Polen:
J. Rutkowski, Historia gospodarcza Polski do 1864 (Wirtschaftsgeschichte Polens bis 1864, ⁴1953), hsg. v. *W. Kula. A. Grodek – I. Kostowicka,* Historia gospodarcza Polski (1955).

Finnland:
Suomen talous-ja sosiaali historian kehityslinjoja (Entwicklungslinien der finn. Wirtschafts- u. Sozialgesch.), hsg. v. *E. Jutikkala* (Helsinki 1968).

Schweden:
E. F. Heckscher, Sveriges ekonomiska historia frän Gustav Vasa, 2 Bde. (1935/49), Kurzfassung ²1957 und 1954: An Economic history of Sweden (1954).

Norwegen:
(*O. A. Johnsen,* Norwegische Wirtschaftsgeschichte, 1939).

Dänemark:
(*A. Nielsen,* Dänische Wirtschaftsgeschichte, 1933).
E. Olsen, Danmarks Økonomiske historie siden 1750 (Kopenhagen 1962).

Gesamteuropa:
H. Heaton, Economic History of Europe (London ²1948, 1963), franz. 1950.
H. Imbert, Histoire économique des origines à 1789 (Paris 1965).
H. Pirenne, Histoire économique et sociale du moyen âge (Paris ²1963, engl. 1936, deutsch Bern 1946, auch als TB 1971, als Sozial- und Wirtschaftsgeschichte Europas im Mittelalter).

USA und Kanada:
H. U. Faulkner, American Economic History ([8]1960), deutsch: Geschichte der amerikanischen Wirtschaft (1957, franz. 1958). *Th. C. Cochran,* The American Business System. An Historical Perspective 1900 bis 1955 (Cambridge M. 1957), deutsch: Wirtschaft und Gesellschaft in Amerika. Von der Jahrhundertwende bis z. Gegenwart (1964).
W. T. Easterbrook – H. G. J. Aitken, Canadian economic history (Toronto 1958).

Lateinamerika:
C. Furtado, Economic Development of Latin America: A Survey from Colonial Times to the Cuban Revolution (span. 1969, engl. New York 1971).

Japan:
W. Lockwood, The Economic Development of Japan. Growth and Structural Change 1868–1938 (1954).
Beliebte deutsche Darstellungen für Europa mit Rußland und Amerika/Japan sind: *H. Haussherr,* Wirtschaftsgeschichte der Neuzeit ([4]1970: 1350–1870) und *W. Treue,* Wirtschaftsgeschichte der Neuzeit ([2]1967: 1700 bis Gegenwart). *A. Fanfani,* Storia economica, 2 Bde. (Turin 1961 bis 1970). Für Westeuropa – USA: *D. Dillard,* Economic Development of the North-Atlantic Community (Englewood Cliffs 1967, seit Mittelalter), schwed. 1969.

Weltgeschichte: *V. Vázquez* de Prada, Historia económica mundial, 2 Bde. (Madrid 1961/64).

7. Reihen von Quellenausgaben fassen Einzeleditionen verschiedener Bearbeiter, oft mit wertvollen Einleitungen und Auswertungen zusammen.

Für Frankreich, Italien, Spanien, Portugal, Frz. Schweiz, Niederlande: Ecole Pratique des Hautes Etudes, VIe Section, Centre de Recherches Historiques: Reihen seit 1951: Ports – Routes – Trafics (46 Bde.). – Affaires et gens d'affaires (44 Bde.). – Monnaie – Prix – Conjoncture (11 Bde.). – Les Hommes et la Terre (Vie rurale, 19 Bde.). – Démographie et Sociétés (26 Bde.). – Civilisations et Sociétés (26 Bde.).

Für Deutschland und Österreich, 13.–18. Jh. Histor. Kommission bei der Bayer. Akademie der Wissenschaften: Deutsche Handelsakten des Mittelalters und der Neuzeit, 13 Bde. (1923–1971): Oberschwaben und Augsburg, Regensburg; Deutsche Zolltarife des Mittelalters und der Neuzeit: Tirol/Vorarlberg, Hamburg, Niederrhein; bayer. Salzwesen.

Brandenburg-Preußen, 16.–18. Jh. Preuß. Akademie der Wissenschaften: Acta Borussica. Denkmäler der Preuß. Staatsverwaltung im 18. Jh., begründet v. *G. Schmoller.* Reihe B. Die einzelnen Gebiete der Verwaltung: Getreidehandelspolitik, 4 Bde. (1896–1931). Handels-, Zoll- und Akzisepolitik, 3 Bde. (1911–1928). Das Preuß. Münzwesen im 18. Jh., 5 Bde. (1904–1910). Die Preuß. Seidenindustrie im 18. Jh., 3 Bde. (1892). Die Wollindustrie in Preußen unter Friedrich Wilhelm I., 1 Bd. (1933).

Für Rußland, 14.–18. Jh. Histor. Institut der Akademie der Wissenschaften Moskau. Akty feodalnogo zemlevladenija i chozjajstva (Akten zum feudalen Grundbesitz und zur feudalen Wirtschaft), seit 1951.

8. Wichtig sind auch sachlich umfassende Quellen-Auswahlbände:

Documentary history of Western Civilization, hsg. v. *E. C. Black u. L. E. Levy,* New York-Houndsmills/Hampshire 1968 ff., darin u. a.: *D. Herlihy,* The History of Feudalism; *R. & E. Forster,* European Society in the 18th Century.

Elenchus fontium historiae urbanae, hsg. v. *C. van de Kieft – J. F. Niermeyer,* Bd. I (Deutschland, Belgien, Niederlande, Skandinavien, Leiden 1967).

Documents of European Economic History, hsg. v. *S. Pollard – C. Holmes,* 1 (London 1968): 1750–1870, einschl. Russland.

English Economic History: Selected Documents, hsg. v. *Bland – Brown – Tawney* (London ²1921). – Tudor Economic Documents, hsg. v. *R. H. Tawney – E. Power,* 3 Bde. (London 1924/1951). Seventeenth century Economic Documents, hsg. v. *J. Thirsk,* 2 Bde. (1972). Documents on British Economic and Social History 1750–1966, hsg. v. *P. Lane,* 3 Bde. (London 1965–1969).

G. Franz, Quellen zur Geschichte des deutschen Bauernstandes im Mittelalter (1963). Ders., Quellen zur Geschichte des deutschen Bauernstandes in der Neuzeit (1963). *W. Ebel,* Quellen zur Geschichte des deutschen Arbeitsrechts bis 1849 (1964). *G. Schraepler,* Quellen zur Geschichte der sozialen Frage in Deutschland, 2 Bde. (²1964, 1800–Gegenwart). *W. Treue – H. Pönicke – K.-H. Manegold,* Quellen zur Geschichte der industriellen Revolution (1966). Alles in: Quellensammlung zur Kulturgeschichte, hsg. v. W. Treue.

C. M. Thompson, Readings in the Economic History of the United States (1915). *J. R. Commons* u. a., A documentary History of American Industrial Society, 10 Bde. (New York ²1958), bes. zur Arbeiterbewegung.

L. Hacker, Major Documents in American Economic History (Princeton N. J. 1961). Readings in the History of American Agriculture, hsg. v. *W. D. Rasmussen* (Urbana 1960). *N. S. B. Gras – H. M. Larson,* Casebook in American Business History (New York 1939).

Sbornik dokumentov po socialno – ekonomičeskoj istorii Vizantii (Dokumentensammlung zur Sozial- u. Wirtschaftsgesch. v. Byzanz), hsg. v. Histor. Inst. der Russ. Akademie der Wiss. (Moskau 1951), 4.-16. Jh.

G. F. Cushing – E. D. Tappe – V. de Pinto, Readings in the Social and Economic History of South-Eastern Europe in the 19th century (London 1965).

9. Die wichtigsten historisch-statistischen Werke sind:

N. Ellinger-Bang – K. Korst, Tabeller over Skibsfart og Varetransport gennem Øresund, 1497–1783, 7 Bde. (Kopenhagen – Leipzig 1906–1953, Ostsee-Nordseeverkehr).

H. und P. Chaunu, Séville et Atlantique, 1504–1650, 11 Bde. (Paris 1955–1960, Spanien-Amerikaverkehr).

B. R. Mitchell – H. G. Jones, Second Abstract of British Historical Statistics (London ²1971). *G. N. Clark,* Guide to English Commercial Statistics, 1696–1782 (London 1938). Historical Statistics of the United States, Colonial Times to 1957, hsg. v. Bureau of the Census (Washington ²1960).

10. Spezielle Bibliographien sind selten und veralten ohne laufende Fortsetzung schnell. International ist zu nennen:

Historia Agriculturae, Jaarboek, hsg. v. Nederlands Agronomisch-historisch Institut, Groningen seit 1953.

E. Dolléans – M. Crozier, Mouvements Ouvrier et Socialiste. Chronologie et Bibliographie, Angleterre, France, Allemagne, Etats-Unis, 1750 bis 1918, (Paris 1950).

Teils umfangreiche, nach Ländern geordnete Bibliographien enthalten die Bände der Cambridge Economic History of Europe.

National: *E. Power,* The Industrial Revolution 1750–1850. A Select Bibliography (1929) ist ohne Fortsetzung. Vgl. *K. Borchardt,* Probleme der ersten Phase der industriellen Revolution in England. Ein bibliographischer Bericht, VSWG 55 (1968, auch ital. 1970). *H. Hall,* A select bibliography for the study, sources and literature of English Mediaeval economic history (Lond. 1914, Ndr. N.Y. 1960).

A. Sapori, Le Marchand Italien au Moyen Age. Conférences et Bibliographie (Paris 1952).

J. T. Schlebecker, Bibliography of Books and Pamphlets on the History of Agriculture in the United States 1607–1967 (Sta. Barbara 1969).

E. Honjo, A Bibliography of Japanese Economic History 1796–1935 (1936).

H. Corsten, 100 Jahre Deutscher Wirtschaft in Fest- und Denkschriften. Eine Bibliographie (1937). *I. Neumann,* Bibliographie zur Firmengeschichte und Unternehmerbiographie, in Zs. Tradition seit 12. Jg. 1967. London Business House Histories. A Handlist, hsg. v. d. Guildhall Library (London 1963).

11. Erscheinende Zeitschriften

Vierteljahrschrift für Sozial- und Wirtschaftsgeschichte, seit 1903 (BRD).
Revue d'histoire économique et sociale, seit 1913.
Economisch-Historisch Jaarboek, seit 1916.
The Economic History Review, seit 1927.
The Journal of Economic History, seit 1928/1941.
Annales. Économies-Sociétés-Civilisations, seit 1929.

Roczniki dziejów społecznych i gospodarczych, seit 1931.
Economia e Storia, seit 1954 (Mailand).
Annali di storia economica e sociale, seit 1960 (Neapel).
The Journal of European Economic History, seit 1972 (Rom).
The Scandinavian Economic History Review, seit 1933.
Economy and History (Lund), seit 1958.
Erhvervshistorisk årbog (Aarhus), seit 1949.
Jahrbuch für Wirtschaftsgeschichte, seit 1960 (DDR).
Studia Historiae Oeconomicae (Poznan), seit 1966, in Deutsch, Engl., Franz.
Contributions à l'histoire économique et sociale (Brüssel), seit 1962.
Anuario de Historia Económica y Social, seit 1968 (Span.).
Cuadernos de Historia Económica de Cataluña, seit 1969 (Barcelona).
Jahrbuch für Geschichte von Staat, Wirtschaft und Gesellschaft Lateinamerikas, seit 1964.
Journal of the Economic and Social History of the Orient, (Leiden), seit 1957.
Indian Economic and Social History Review, seit 1964.
Shakai keizai shigaku (Socio-Economic History), seit 1929.
Archivio economico dell'unificazione italiana (d. h. des 19./20. Jhs.), seit 1950.
Agricultural History Review, seit 1953 (GB).
Agricultural History, seit 1927 (USA).
Zeitschrift für Agrargeschichte und Agrarsoziologie, seit 1953.
Rivista di storia dell'Agricoltura, seit 1960.
Afdeling Agrarische Geschiedenis, Bijdragen, Landbouwhogeschool Wageningen, seit 1959.
Études Rurales. Revue d'histoire, géographie, sociologie et économie des campagnes, seit 1961.
Ežegodnik po agrarnoi istorii vostočnoi Evropy (Jahrbuch f. Agrargeschichte Osteuropas), seit 1958.
Agrártörténeti Szemle (Agrargesch. Revue, ungar.) seit 1959.
Forest History, seit 1955 (USA).
Hansische Geschichtsblätter, seit 1873 (Rezensionsteil Hansische Umschau!).
Scripta Mercaturae, Halbjahresveröffentlichung von Urkunden und Abhandlungen zur Gesch. des Handels und der Weltwirtschaft, seit 1967.
Textile History, seit 1968 (GB).
Revue d'Histoire des mines et de la Métallurgie, seit 1960 (zunächst R. d'Hist. de la sidérurgie).
History of Metallurgy Bulletin, seit 1967 (GB).
Revue internationale d'Histoire de la Banque, seit 1968 (Neapel–Genf).
Archiv des Instituts für bankhistorische Forschung, seit 1971.

Journal of Transport History, seit 1953 (GB).
Maritime History, seit 1971 (GB).
Business History, seit 1958 (GB).
Business History Review, seit 1954 (USA).
Explorations in Economic History (1949–1958 und N. S. 1963–1968 als Explorations in Entrepreneurial History, USA).
Tradition. Zeitschrift für Firmengeschichte und Unternehmerbiographie, seit 1956.
Histoire des Entreprises, seit 1958.
Archiv und Wirtschaft. Mitt.blätter für d. Archivwesen d. Wirtschaft, seit 1968.
Bulletin d'histoire économique et sociale de la Révolution française, seit 1959.
International review of social history (1936–1939 und N. F.) seit 1956 (Amsterdam).
Archiv für Sozialgeschichte, seit 1961 (BRD).
Beiträge zur Geschichte der Arbeiterbewegung, seit 1959 (DDR).
Labor History, seit 1960 (USA).
Comparative Studies in Society and History, seit 1958.
Journal of Social History, seit 1967 (USA).
Societas. A Review of Social History, seit 1971 (USA).

Die allgemein wirtschaftswissenschaftlichen Zeitschriften enthielten besonders in Deutschland zahlreiche wirtschaftsgeschichtliche Aufsätze, so lange und so stark die „Historische Schule" der Nationalökonomie herrschte und nachwirkte, so noch bis 1968 die Jahrbücher für Nationalökonomie und Statistik. Für die Zeit vor 1900 waren sie und Schmollers Jahrbücher laufende Hauptinformation zur wirtschaftlich-sozialen Zeitgeschichte. Zu beachten ist, daß je länger je mehr auch die allgemeinhistorischen Zeitschriften aller Sprachen Beiträge zur Wirtschafts- und Sozialgeschichte enthalten.

E. BIBLIOGRAPHIE

XVII. Ausgewählte Einzelliteratur nach Sachgebieten

Die Auswahl der Einzelliteratur beschränkt sich auf 150 möglichst neueste, selbständig erschienene Werke breiter Thematik, die durch reiche Stoffdarbietung und Bibliographie den Zugang zu weiterer Literatur erschließen. Auf Deutschland wurde bewußt kein Sondergewicht gelegt. Regionale Literatur ist nur für Wirtschaftslandschaften erster Ordnung (wie Flandern) berücksichtigt! Die Gruppierung erfolgt nach Wirtschaftssektoren und sozialen Großgruppen:

I. Land- und Forstwirtschaft, Fischerei, Bergbau – II. Handwerk, Industrie, Bauwirtschaft – III. Handel, Kredit- und Versicherungswesen, Verkehr – IV. Staatswirtschaft, öffentliche Dienstleistungen – V. Konjunktur und Wachstum – VI. Sozialentwicklung – VII. Geistige Grundlagen.

Im Text genannte Titel werden hier nicht wiederholt.

I. 1. Landwirtschaft, Forstwirtschaft

N. S. B. Gras, A History of Agriculture in Europe and America (New York 1946).

B. H. Slicher van Bath, The Agrarian History of Western Europe 500–1950 (^{2}1963).

G. Duby, L'économie rurale et la vie des campagnes dans l'Occident médiéval (France, Angleterre, Empire), 2 Bde. (1964, engl. 1969).

The Agrarian History of England and Wales, hsg. v. *H. P. R. Finberg*, 7 Bde. (New York, seit 1967 1 Bd.).

R. E. Prothero (Lord Ernle), English Farming Past and Present (London 1912, ^{6}1961, franz. 1952).

Deutsche Agrargeschichte, hsg. v. *G. Franz*, 5 Bde. 1962–1970:

- *H. Jankuhn*, Vor- und Frühgeschichte (1969)
- *W. Abel*, Geschichte der deutschen Landwirtschaft vom frühen Mittelalter bis zum 19. Jh. (^{2}1967)
- *F. Lütge*, Geschichte der deutschen Agrarverfassung vom frühen Mittelalter bis zum 19. Jh. (^{2}1967)
- *G. Franz*, Geschichte des deutschen Bauernstandes (1970).
- *H. Haushofer*, Die deutsche Landwirtschaft im technischen Zeitalter (^{2}1972).

W. Abel, Agrarkrisen und Agrarkonjunktur. Eine Geschichte der Land- und Ernährungswirtschaft Mitteleuropas seit dem hohen Mittelalter (^{2}1966).

Historia chlopów polskich (Gesch. der poln. Bauern), hsg. v. S. Inglot, Bd. 1 (Warschau 1970).

Materialy po istorii zemledija / selskogo chozjajstva i krestjanstva SSSR (Materialien zur Geschichte des Ackerbaus bzw. der ländlichen Wirtschaft und des Bauerntums in der UdSSR). 7 Bde. (Moskau 1951–1969).

F. E. Zeuner, A History of Domesticated Animals (London 1963, deutsch 1967).

A. Maurizio, Storia dell'alimentazione vegetabile (1926, deutsch 1927, franz. 1932).

K. Hintze, Geographie und Geschichte der Ernährung (1934).

R. N. Salaman, The History and Social influence of the Potato (Cambridge 1949, Ndr. 1970).

N. Deerr, The History of Sugar, 2 Bde. (London 1949/50).

R. Dion, Histoire de la vigne et du vin en France des origines au XIXe siècle (1959).

F. v. Bassermann-Jordan, Geschichte des Weinbaues mit bes. Berücksichtigung der bayer. Rheinpfalz, 3 Bde. (^{2}1923).

R. B. Hilf, Der Wald in Geschichte und Gegenwart (1938).

F. v. Hornstein, Wald und Mensch (1951, Alpenländer).

Dzieje lasów leśnitwa i drzewnictwa w Polsce (Geschichte der Waldnutzung in Polen, Warschau 1965).

I. 2. Fischerei

W. Radcliffe, Fishing from the earliest Times (London ^{2}1926).

K. Jagow, Kulturgeschichte des Herings (1920).

I. 3. Bergbau

J. U. Nef, The Rise of the British Coal Industry, 2 Bde. (Lond. 1932), s. 17. Jh.

L. Beck, Die Geschichte des Eisens in technischer und kulturgeschichtlicher Beziehung, 5 Bde. (1884–1903, Bd. 1 ^{2}1890/91).

B. Gille, Histoire de la Métallurgie (Par. 1966).

R. Sprandel, Das Eisengewerbe im Mittelalter (1968).

H. Quiring, Geschichte des Goldes (1950).

M. Mollat u. a., Le rôle du sel dans l'histoire (Par. 1968).

II. Handwerk, Industrie, Bauwirtschaft

W. Endrei, L'evolution des techniques du filage et du tissage (bis zur industr. Revolution, Paris 1968).

J. Horner, The Linen Trade of Europe during the Spinning-Wheel-Period (Belfast 1920).

Recueil de documents relatifs à l'histoire de l'industrie drapière en Flandre, hsg. v. *G. Espinas – H. Pirenne* und *H. E. de Sagher* u. a, 3 + 3 Bde. (Brüssel 1906–1966).

E. Lipson, A short history of wool and its manufacture (London 1953), haupts. England.

W. G. Hoffmann, Stadien und Typen der Industrialisierung. Ein Beitrag zur quantitativen Analyse historischer Wirtschaftsprozesse (1931), engl. The Growth of Industrial Economies (Manchester ²1958).

Ders., Art. Industrialisierung, in: Handwörterbuch der Sozialwissenschaften 5 (1956).

L. Graf Schwerin v. Krosigk, Die große Zeit des Feuers. Der Weg der deutschen Industrie, 3 Bde. (1957–1959).

T. J. Markovitch, L'industrie française de 1789 à 1964 (Paris 1966, Histoire quantitative).

J. B. Walker, The Epic of American Industry (N.Y. 1949).

III. 1. Handel, Kredit- und Versicherungswesen

Ph. Dollinger, La Hanse (1964, deutsch 1966 mit übersetztem Quellenanhang, engl. 1970).

La Foire. Recueils de la Société Jean Bodin 5 (1953).

E. Levasseur, Histoire du Commerce de la France, 2 Bde. (Paris 1912).

E. R. Johnson u. a., History of Domestic and Foreign Commerce of the US, 2 Bde. (Washington ²1922).

A. Sartorius v. Waltershausen, Die Entstehung der Weltwirtschaft. Geschichte des zwischenstaatl. Wirtschaftslebens vom letzten Viertel d. 18. Jhs. bis 1914 (1931).

W. Ashworth, A Short History of the International Economy 1850–1950 (²1962).

A. Dauphin-Meunier, Histoire de la Banque (Paris 1950).

History of the Principal Public Banks, hsg. v. *J. G. van Dillen* (Den Haag 1934, 11 europ. Länder).

III. 2. Verkehr

F. Voigt, Die Entwicklung des Verkehrssystems, 2 Bde. (1965), = Verkehr, Bd. 2.

P. Rousseau, Histoire des transports (1961).

H. J. Dyos – D. H. Aldcroft, British Transport (Leicester 1969, 17. bis 20. Jh.).

B. Stumpf, Kleine Geschichte der deutschen Eisenbahnen (³1960).

F. Farina, Historia de la navegación (Madrid 1950).

Le navire et l'économie maritime du moyen âge au 18e. siècle principalement en Méditerranée, hsg. v. *M. Mollat-Denoix-de Prat* (Paris 1959).

Le navire et l'économie du nord de l'Europe (Paris 1960).

W. Vogel – G. Schmölders, Die Deutschen als Seefahrer (1949).

IV. Staatswirtschaft, öffentliche Dienstleistungen

A. Wagner, Steuergeschichte vom Altertum bis zur Gegenwart (²1910).

M. Marion, Histoire Financière de la France depuis 1715, 6 Bde. (1914 bis 1931).

S. Dowell, A History of taxation and taxes in England from the Earliest Times to the present days, 4 Bde. (London ²1884).

Th. Mayer, Geschichte der Finanzwirtschaft vom Mittelalter bis zum Ende des 18. Jh., Handbuch der Finanzwiss. I (²1952; Deutschland).

C. Bauer, Epochen der Papstfinanz, Hist. Zs. 138, 1928.

Documenti finanziari della Repubblica di Venezia, hsg. v. d. Accademia dei Lincei, 3 Bde. (Padua 1925–1937), 10.–17. Jh.

E. Kaemmel, Finanzgeschichte. Sklavenhaltergesellschaft – Feudalismus – vormonopolistischer Kapitalismus (1966, marxist.).

O. Kraus, Historische Grundlagen der Währungspolitik, Schmollers Jahrbuch 85 (1965).

C. R. Josset, Money in Britain. A History of the Currencies (London 1971).

A. E. Feavearyear, The Pound Sterling. A History of English Money (London 1931).

M. Friedmann – A. J. Schwartz, A Monetary History of the United States 1867–1960 (New York 1963).

R. Gaettens, Inflationen (1955).

V. Konjunktur und Wachstum

S. Pollard – D. W. Crossley, The Wealth of Britain 1085–1966 (London 1968).

Ph. Deane – W. A. Cole, British Economic Growth 1688–1959, Trends and Structure (Cambridge ²1967).

A. D. Gayer, W. W. Rostow, A. J. Schwartz, The Growth and fluctuations of the British Economy 1790–1850, 2 Bde. (1953).

C. P. Kindleberger, The Economic Growth of France and Britain 1850–1950 (Cambridge/M. 1964).

W. G. Hoffmann – F. Grumbach – H. Hesse, Das Wachstum der deutschen Wirtschaft seit der Mitte des 19. Jhs. (1965; gesamtdeutsche Zahlen).

W. G. Hoffmann – J. H. Müller, Das deutsche Volkseinkommen 1851 bis 1957 (1959).

H. W. Gf. Finck von Finckenstein, Die Entwicklung der Landwirtschaft in Preußen und Deutschland 1800–1930 (1960).
J. C. Toutain, Le produit de l'agriculture française de 1789 à 1958, 2 Bde. (1961).
J. Bouvier – F. Furet – M. Gillet, Le Mouvement du profit en France au XIXe siècle (Paris 1965).
Istituto centrale di Statistica, Indagine statistica sullo svilluppo del reddito nazionale dell'Italia dal 1861 al 1956 (Rom 1957).
D. C. North, The Economic Growth of the United States 1790–1860 (Englewood Cliffs 1961, gliedert in 3 Wirtschaftsräume Nordosten, Süden, Westen).
L. E. Davis, Easterlin u. a., American Economic Growth. An Economist's History of the US (N.Y. 1972).
S. Kuznets, National Product since 1869 (der USA, New York 1946).
S. Kuznets, Capital in the American Economy. Its Formation and Financing (Princeton 1961: letzter Band einer Studienserie des National Bureau of Economic Research über Kapitalbildung in einzelnen Wirtschaftssektoren, seit 1956).
S. Homer, A History of Interest Rates (New Brunswick 1963).
J. Burnett, A History of the Cost of Living (Penguin – Book 1969).
A. Jacobs – H. Richter, Die Großhandelspreise in Deutschland von 1792 bis 1934 (1935).
A. H. Cole, Wholesale Commodity Prices in the United States 1700–1861 (Cambridge M. 1938).
L. White, Medieval technology and social change (Oxford 1962).
A. Gerschenkron, Economic Backwardness in Historical Perspective (Cambridge M. 1962); Italien, Rußland, Bulgarien.

VI. Sozialentwicklung

Feudalism in History, hsg. v. *R. Coulborn* (Princeton 1956).
Studien zum mittelalterlichen Lehenswesen, hsg. v. *Th. Mayer* (1960).
M. Bloch, La Société féodale, 2 Bde. (1939/40), engl. 1963).
B. Moore, Social origins of Dictatorship and Democracy. Lord and Peasant in the Making of the Modern World (Boston 1966, deutsch 1969) (England, Frankreich, USA, China, Japan, Indien).
La Ville. Recueils de la Société Jean Bodin 6–8, 3 Bde. (1954–1957)
L. Mumford, The City in History (New York 1961, deutsch 1963, franz. 1964).
Untersuchungen zur gesellschaftlichen Struktur der mittelalterlichen Städte in Europa, hsg. v. *Th. Mayer* (1966).
H. Pirenne, Les villes et les institutions urbaines, 2 Bde. (Paris 1939, Teil-Ndr. 1971).

P. Lavedan, Histoire de l'urbanisme, 3 Bde. (Paris 1952).
The Historian and the City, hsg. v. O. *Handlin – J. Burchard* (Cambridge/M. 1963).
E. Lesne, Histoire de la propriété ecclésiastique en France, 2 Bde. (Lille 1926).
R. Wissell, Des alten Handwerks Recht und Gewohnheit, 2 Bde. (1929).
E. Coornaert, Les corporations en France avant 1789 (Paris 1941).
L. Dal Pane, La Storia come storia del lavoro (Bologna 1968).
A. Fanfani – L. Dal Pane, Storia del Lavoro in Italia, 5 Bde. (3: ²1959, 2: 1958).
E. Dolléans – G. Dehove, Histoire du travail en France, 2 Bde. (Paris 1953, seit mittelalt. Handwerk).
F. J. Hobsbawm, Labouring Men. Studies in the History of Labour (1964).
C. Jantke, Der Vierte Stand. Die gestaltenden Kräfte der deutschen Arbeiterbewegung im 19. Jh. (1955).
W. Abendroth, Sozialgeschichte der europäischen Arbeiterbewegung (⁷1970), ital. 1971.
F. Redlich, Der Unternehmer. Wirtschafts- u. sozialgeschichtliche Studien (1964).
A. H. Cole u. a., The Entrepreneur, American Economic Review 58 (1968), 2, 60 ff.
Rheinisch-westfälische Wirtschaftsbiographien, 9 Bde. (1931/32–1967), Ruhrgebiet!
E. Barker, The Development of Public Services in Western Europe 1660–1930 (London 1944).
A. Lotz, Geschichte des deutschen Beamtentums (²1914).
H. E. Feine, Kirchliche Rechtsgeschichte. Die katholische Kirche (⁴1964).
D. Knowles, Christian Monasticism (London 1969).
S. W. Baron, A Social and Religious History of the Jews (New York–London ²1962 ff.), Bd. 14: bis 1650.
G. Caro, Sozial- und Wirtschaftsgeschichte der Juden im Mittelalter und in der Neuzeit, 2 Bde. (1909/20).
L'Étranger. Recueils de la Société Jean Bodin, 2 Bde. 9/10 (1958).
Le Servage. Recueils de la Société Jean Bodin 2 (²1959).
Bergman, Chronological History of the Negro in America (1970).
La Femme. Recueils de la Société Jean Bodin, 2 Bde. 11/12 (1961/62).
W. Goodsell, A History of Marriage and the Family as a Social and Educational Institution (New York 1934).
I. Pinchbeck – M. Hewitt, Children in English Society, Bd. 1 (London 1969, seit 15. Jh.).
NB. Soziologische Werke über Einzelgruppen enthalten häufig historische Rückblicke!

VII. Geistige Grundlagen

Capitalism and the Historians, hsg. v. *F. A. Hayek* (Chicago 1954).
Views on Capitalism, hsg. v. *R. Romano – M. Leiman* (Beverly Hills 1971, seit A. Smith).
Beiträge zum Berufsbewußtsein des mittelalterlichen Menschen, hsg. v. *P. Wilpert* (1964, Deutschland, Italien, Frankreich, England).
A. Müller-Armack, Religion und Wirtschaft (1959, darin u. a.: Genealogie der Wirtschaftsstile).
Jüngste Äußerung zur Max-Weber-Debatte: *K. Samuelsson*, Religion and Economic Action (schwed., engl. 1961).
S. Frauendorfer – H. Haushofer, Ideengeschichte der Agrarwirtschaft und Agrarpolitik, 2 Bde. (1957/58): deutscher Sprachraum.
R. H. Tawney, Equality (London [4]1952).
E. Lemberg, Nationalismus, 2 Bde. (1964).
Die Idee des Fortschritts. 9 Vorträge über Wege und Grenzen des Fortschrittsglaubens, hsg. v. *H. Burck* (1963).

Vom Stellenwert der Spezialthemen

Abschließend sei ausdrücklich daran erinnert, daß Leben und Fortschritt der Forschung nicht in der zusammenfassenden Darstellung, sondern in der thematisch begrenzten, aber sorgfältig in ihre großen Bezüge eingeordneten Einzeluntersuchung liegen. Es ist eine besondere Kunst auch des Wirtschafts- und Sozialhistorikers, am richtig ausgewählten und gründlich bearbeiteten scheinbar kleinen Beispiel allgemeine Verhältnisse und Entwicklungen anschaulicher zu machen als bisher. Der Versuchung, solche gelehrte Musterleistungen hier noch anzuführen, mußte indessen widerstanden werden, Gründe der Übersichtlichkeit sprechen gegen eine solche Auswahl. Nicht ganz selten wären Erstwerke, Dissertationen und Thesen, junger Fachgenossen darunter zu nennen. Die echte Gelehrtenrepublik hat eine Hierarchie nach Dienstalter und Amtsrang nie gekannt und ist darin dem Gesamtreich der Kunst verwandt, obwohl eine Einführung in eines ihrer Sonderfächer eben wissenschaftliche Methoden und nicht eine Kunstlehre vorzustellen hat. Ihr Werk birgt, von beiden großen Aspekten her gesehen, noch eine Fülle neuer Aufgaben und Möglichkeiten in sich; auch in unserem Falle kann die Forschung gesellschaftliche Notwendigkeit und für ihre Träger doch zugleich geistig „reizendes Abenteuer" sein. „Wissenschaftliche Arbeiten können gewiß dauernd, als ‚Genußmittel' ihrer künstlerischen Qualität wegen, oder als Mittel der Schulung zur Arbeit, wichtig bleiben. Wissenschaftlich aber überholt zu werden, ist nicht nur unser aller Schicksal, sondern unser aller Zweck. Wir können nicht arbeiten, ohne zu hoffen, daß andere weiter kommen werden als wir." (Max Weber, Wissenschaft als Beruf, 1919).

NACHWORT

Zum ersten Echo auf diese Einführung gehört schon die Frage, wie es um ihre Aufgabe als „Elementarbuch“ steht. Der Verfasser hat sich diesen Ausdruck nicht eindeutig im Sinne von Elementarunterricht mit „Anfängerbuch für Erstsemester“ übersetzt. Er ist der Meinung, daß es sich hier um ein sogenanntes interdisziplinäres Fach handelt, das zwar stellenweise als propädeutisches eingesetzt wird, aber seinem Wesen nach eher „Aufbaustudium“ ist. Die Einführung betrachtet sich also nicht in dem Sinne als elementar, den Leser nach 100 Seiten mit lerntechnisch vorteilhaften Examensantworten und an der Schwelle zu eigenmotiviertem Arbeiten entlassen zu wollen. Sie bemüht sich vielmehr darum, zusammen mit Methodenlehre auch Elementarlehre (Kant) zu bringen und die verschiedenartigen Grundlagen, die Elemente, des Faches zu beleuchten. Eine Geringschätzung der Hochschuldidaktik darf darin keinesfalls gesehen werden.

PERSONEN- UND SACHREGISTER

Agrargeschichte 22, 33, 36, 54, 79, 88 f.
Archäologie 33
Archivalien 32 f.
Archive 26 f., 32 f.
Ashley, W. J. 88

Beard, Ch. A. 80
Begriffsgeschichte 28
Bentham, J. 43
Berr, H. 81
Beutin, L. 21
Beveridge, W. H. 81, 91
Bevölkerungsgeschichte 36 f.
Bevölkerungswissenschaft 36, 64, 67, 72, 86
Bilanzen 24, 28
Biographie 17, 25, 27
Bloch, M. 81, 88 f.
Bodin, J. 77
Boulton, M. 25
Braudel, F. 9, 81, 85, 88
Brentano, L. 42, 78
Buchführung 23
Buchstabenrechnung 50
Bücher, K. 42, 71, 84
Buckle, Th. 79
Bujak, F. 90
Business History 9, 54, 88 f.

Cahiers de doléance 25
Clapham, J. H. 80, 91
Clark, C. 85
Colbert, J. B. 41
Cole, A. H. 83
Computer s. Elektron. Datenverarbeitung
Comte, A. 42, 85
Counterfactual history 82
Cunningham, W. 79

Demographie s. Bevölkerungswissenschaft
Deutsch, K. W. 51, 62
Dialektik 18, 84
Dilthey, W. 18
Dogmengeschichte, wirtschaftl. 40 ff.
Dopsch, A. 78
Durkheim, E. 44

Elektronische Datenverarbeitung 61 ff.
Elsas, M. 58, 91
Engels, F. 13, 42, 84
Enquêten 27
Entscheidungstheorie 44, 49, 54
Entwicklungsländer 69 f.
Epochen 84 ff.
Ertragsgesetz 72
Eucken, W. 48

Fabrik 28, 33
Febvre, L. 81, 89 f.
Feudalismus 17, 84 f.
Firmenarchiv 23 f., 27, 54
Fourastié, J. 58
Friedman, M. 66, 72
Fugger 23 f.

Geistesgeschichte 37
Geldgeschichte 33 f.
Geldtheorie 72
Genealogie 36
Geographie 35 f.
Geschäftsbücher 23 ff., 27
Gesetzlichkeit 11, 42, 47 f.
Gorki, M. 83

Hafenbücher 24 f.
Handelsbilanz 29, 41
Handelsbücher s. Geschäftsbücher
Harrod, R. 69
Hartmann, L. M. 89
Heckscher, E. F. 80
Hegel, F. W. 18 f., 84
Hermeneutik 11, 44
Hicks, J. R. 68, 86
Hildebrand, B. 42, 84
Hilferding, R. 75
Hintze, O. 78
Historismus 18
Hobson, J. A. 74 f.
Holzanalyse 33

Ibn Chaldun, A. 41
Idealtyp 16, 48, 52
Imperialismustheorie 74 ff.

Index 56 f.
Industrialisierungstheorie 69 f.
Industrielle Revolution 13
Integrationstheorie 71

Juglar, C. 66, 79

Kameralismus 41
Kammerberichte 27
Kapitalismus 74 ff., 84
Kapitular 22
Kassation 26
Kaufkraft 29, 55
Keynes, J. M. 43, 48, 66
Kirchengeschichte 38
Kitchin, J. 66 f.
Klima 22, 67
Knies, K. 42
Kondratieff, N. D. 66 f., 86
Konjunkturtheorie 65 ff.
Konjunkturzyklen 57, 65 ff., 86
Kontinuität 13
Kowalewskij, M. M. 80
Kreislaufschema 41, 58 f.
Krelle, W. 69
Kuczynski, J. 91
Kula, W. 82
Kulischer, J. 80
Kulturgeschichte 9, 37, 89
Kuznets, S. 66, 82
Kybernetik 62

Labrousse, E. 81
Laffemas, I. de 77
Lamprecht, K. 78, 85
Landesgeschichte 19
Landrechtsbuch 24
Lehenbücher 22
Leibrenten 23
Lenin, W. I. 28, 85
Levasseur, E. 88
Liberalismus 25, 41, 43
List, F. 42, 84 f.
Lohngeschichte 29 f., 55 f., 73
Longue durée 9
Lorenzkurve 59 f.
Luxemburg, R. 75

Macaulay, Th. 79
Machiavelli, N. 41
Malthus, Th. R. 42, 65, 72
Marktberichte 24
Markttheorie 71
Marshall, A. 43, 79
Marx, K. 18, 43, 65, 72 f., 84 f.
Marxismus 18, 45, 86
Maß- und Gewichtskunde 34
Materielle Kultur 33, 37
Mathematik 43, 45, 50 f., 61
Medici 23
Medizin 37 f.
Mehring, F. 74
Mehrwerttheorie 72 f.
Menger, K. 42, 50
Merkantilismus 24 f., 41, 43, 74, 86
Merton, R. K. 44, 48
Mikroökonomie 44, 48
Mill, J. St. 11
Mittelalter 13, 22 ff., 28, 33
Mittelwert 55 f.
Mittlerer Reichweite, Theorie 48
Modell 49 f., 86
Möser, J. 77
Mun, Th. 41
Müller-Armack, A. 48, 85
Münzen 33 f.
Münzkunde 33 f.
Myrdal, G. 71, 76

Naturrecht 11
Naturwissenschaften 11, 36 f., 41, 49, 57, 88
Neue Wirtschaftsgeschichte 82
Neuzeit 13, 24 ff.
Nietzsche, F. 18
Notariat 22 f.

Oppenheimer, F. 80 f.
Ordnungstheorie 43, 48, 71
Oresme, N. 41
Ökonometrie 44, 55, 64, 82

Pareto, V. 43, 80
Parlamentsgeschichte 25
Parsons, T. 44
Peutinger, K. 41
Periodisierung 13, 84 ff.
Phänomenologie 18, 43
Physiokratie 41
Pirenne, H. 79 f.
Pokrowskij, M. N. 80
Pollenanalyse 58
Popper, K. R. 18, 51
Positivismus 11, 42, 44 f.
Preiser, E. 74
Preisgeschichte 29, 41, 70

Preistheorie 70 f.
Produktionstheorie 72
Produktivität 58
Programmiersprachen 62
Prosopographie 36
Psychologie 37 f., 45, 47, 72, 85

Quantitative Geschichte 51
Quellen 21 ff., 38, 53 ff.
Quesnay, F. 41, 58

Raumwirtschaftstheorie 47, 71
Realtyp 16
Rechnungsbücher 22
Rechtswissenschaft 11, 36
Revolution 9, 13 f.
Revolutionstheorie 73
Ricardo, D. 42, 72
Riehl, W. H. 78
Riesman, D. 85
Rollentheorie 48
Roscher, W. 42
Rostow, W. W. 85 f.
Rörig, F. 84

Saint-Simon, H. Gf. 42
Say, J. B. 42
Schanz, G. 42
Schichtungstheorie 47 f.
Schmoller, G. 42 ff., 78
Schumpeter, J. A. 43 f., 66, 74, 81, 86
Shotwell, J. T. 81
Simiand, F. 81
Sismondi, S. de 65
Smith, A. 41
Sombart, W. 42, 78
Sozialforschung 47 f., 54
Sozialpolitik, Lehre 43
Soziogramm 61
Soziologie 10, 42, 44 f., 47 f., 49, 53 f., 73, 85
Spencer, H. 42
Spiethoff, A. 16, 48, 81
Sprache 37
Stadtrechte 24
Statistik 24 f., 28 f., 55, 67
Städtechroniken 24
Stein, Lor. v. 42, 78
Steuerlisten 22, 24
Struktur 17
Strukturalismus 51
Strumilin, S. G. 80
Sundzollregister 24

Tawney, R. H. 81
Take-off 85
Tarlé, E. 80
Technik 36 f., 41, 68, 88
Testamente 23
Thünen, J. H. v. 50, 72
Tocqueville, A. de 79
Toynbee d. Ä., A. J. 79
Toynbee d. J., A. J. 13
Trend 57
Troeltsch, E. 78
Tugan-Baranowskij, M. I. 80
Turner, F. J. 80
Turgot, A. R. de 41 f., 72
Typologie 16, 48

Urbanistik 35, 41
Urbare 22
Urkundenfälschung 28
Usancenbücher 23

Vektordarstellung 60 f.
Verbrauch 29, 50, 66, 75, 85
Verelendungstheorie 73
Verfassungsgeschichte 28, 36
Volkskunde 37
Volksrechte 24
Volkswirtschaftliche Gesamtrechnung 43, 48
Völkerkunde 37
Voltaire, F. M. 77

Wachstumstheorie 68 ff.
Walras, L. 43
Warenkorb 29, 57
Watt, J. 25
Währung 29
Weber, Max 16, 44, 78, 90, 106
Wechsel 72
Weistum 24
Wicksell, K. 43 f., 67
Wirtschaftsarchive 27
Wirtschaftsstile 85
Wirtschaftsstufen 84 ff.

Zeit 18, 49
Zeitgeschichte 14
Zeitreihenanalyse 57
Zollregister 22, 24 f.
Zunftstatuten 24